KiWi
PAPERBACK
1124

Das Buch

Um einen Fernseher kaufen zu können, muss ich zwei Wochen intensives Studium betreiben, wenn ich mich zwischen Begriffen wie Full HD, Pixel Plus 3 HD, HD Natural Motion nicht vollends verlieren will. Meine Mikrowelle bringt mich fast um den Verstand, weil ich es nicht schaffe, die Uhrzeit einzustellen. Bei der Bahn hänge ich ewig in der Warteschleife der Hotline: »Drücken Sie die Eins …« Für mein neues Handy habe ich die Wahl zwischen 1700 Tarifen …

Jeder erlebt sein persönliches Absurdistan und fragt sich, ob er den Herausforderungen der modernen Gesellschaft noch gewachsen ist: Digitalkameras, Navis, Mobiltelefone, MP3-Player, Kochherde, Waschmaschinen, Fahrkartenautomaten, Computer – alles wird komplizierter. Wir müssen uns auf völlig undurchsichtigen Märkten zurechtfinden und schauen, dass wir in der virtuellen Lebenswelt nicht verloren gehen. Kellner, Bankangestellter, Schaffner, Kassierer, Techniker, Softwareexperte, Tankwart, Einzelhandelskaufmann, Paketbote, Reiseberater – wir haben unzählige Jobs. Aber wir haben kein ordentliches Anstellungsverhältnis in der Post-Bahn-Peek&Cloppenburg-TUI-Real-Ikea-JET-Vapiano-Starbucks-Deutsche-Bank-Lufthansa-Telekom-Welt. Kein Wunder, dass 24 Stunden nicht mehr ausreichen, um all das zu managen, was zu unserem Alltag gehört.

Sibylle Herbert zeigt, wie Experten versuchen, »Benutzerschnittstellen« zu optimieren, und stellt sich einem Selbstversuch in einem »Usability-Labor«. Sie verrät, wie man dem alltäglichen Minutendiebstahl, der sich zu Tagen und Wochen summiert, ein Schnippchen schlägt, wie man die tägliche Überforderung in Grenzen hält – oder auch, ganz praktisch, wie man sein Auto aus dem Parkhaus befreit, obwohl der Automat 22 000 Euro für eine Stunde Parken verlangt.

Die Autorin

Sibylle Herbert wurde 1956 in Köln geboren und wuchs im Ruhrgebiet auf. 1981 begann sie ihre journalistische Laufbahn beim Westdeutschen Rundfunk. Heute ist sie politische Redakteurin beim Hörfunk mit dem Schwerpunkt Sozialpolitik. 2005 veröffentlichte sie ihr erstes Buch: »Überleben Glücksache – Was Sie als Krebspatient in unserem Gesundheitswesen erwartet«. 2006 erschien »Diagnose: unbezahlbar. Die Praxis der Zweiklassenmedizin« (KiWi 1046, 2008). Seitdem tritt sie als Expertin in Fragen der Gesundheitspolitik häufig mit Vorträgen und im Fernsehen auf. Sibylle Herbert wurde mit drei Journalistenpreisen ausgezeichnet. Sie lebt in Köln und hat zwei Töchter.

Sibylle Herbert

Bin ich zu blöd?

Der Handy-Hotline-Technik-Terror

Kiepenheuer
& Witsch

1. Auflage 2009

Umschlaggestaltung: Barbara Thoben, Köln
Umschlagmotiv: © Getty Images/McMillan Digital Art;
© Marc Thoben
Gesetzt aus der Bembo und der Vectora
Satz: Pinkuin Satz und Datentechnik, Berlin
Druck und Bindung: CPI – Clausen & Bosse, Leck
ISBN 978-3-462-04154-5

Inhalt

Service

Einleitung: Bei einem Glas Champagner

»Die Lage ist misslich, aber nicht hoffnungslos. Eine Frau liegt in der Badewanne, da bricht plötzlich das Bücherregal zusammen und begräbt sie unter sich …«

Die Champagnerflasche steht auf dem Tisch. Der Korken knallt, weil ein Buch fertig geworden ist; der Titel: »In der Badewanne«. Die Autorin, ein Gast, zwei Lektoren und zwei weitere Verlagskollegen sitzen zusammen. Mit ein paar Sätzen erklärt die Autorin den Inhalt ihres Romans: »Die Badewanne ist ein guter Ort, um eine Bilanz des Lebens zu ziehen. Zumal wenn man eingeklemmt ist und die Putzfrau nicht kommen wird, um einen zu retten. Sie ist ebenso plötzlich krank geworden wie das Regal zusammenbricht.«

»Haben Sie die Geschichte erfunden oder selbst schmerzhafte Erfahrungen mit zusammenbrechenden Regalen gemacht?«, fragt der Gast.

»Schon ausgedacht«, ist die Antwort, »aber wer ist nicht schon gescheitert an Do-it-yourself-Regalen und Küchen Marke Eigenbau?«

Alle nicken in der Runde. Jeder hat sich schon einmal als Schreiner, Installateur oder Softwareexperte versucht … und ist dabei schier verzweifelt. Selbermachen – das weckt Assoziationen. Der Roman tritt in den Hintergrund, jeder erzählt Abenteuer aus seinem Alltag: von dem Versuch, online Theaterkarten zu bestellen, über das Vergnügen, ein neues Telefon zu kaufen oder besser noch zu installieren, bis hin zu dem Unterfangen, den DVD-Rekorder in Gang zu setzen.

Die sechs klagen über ihren komplizierten Alltag, dem sie sich teilweise nicht mehr gewachsen fühlen:

»Wenn es nur die Selbstbaumöbel wären … Gestern war ich bei Freunden. Die wollten uns – ganz stolz – auf ihrem neuen Flachbildfernseher Fotos aus dem Urlaub zeigen. USB-Stick rein in die Buchse … aber so einfach war das nicht. Zwei Stunden haben wir dort gesessen und es nicht geschafft, die Bilder auf den Bildschirm zu bringen. Vier intelligente Leute sind an dem blöden Hightechgerät gescheitert. Voller Wehmut dachte ich an die Diaprojektoren von früher – klar, die hakten auch immer irgendwann, aber mit ein bisschen Gefühl hat man es immer geschafft, die Bilder an die Wand zu werfen.«

»Ich habe versucht, mit dem angeblich automatischen Senderdurchlauf Fernsehstationen neu zu installieren. Das soll einfach sein. Mich kostete es zwei Stunden, vier Telefonate und drei Gläser Wein. Das war nur mit Alkohol auszuhalten.«

»Letzte Woche habe ich mir einen neuen Schreibtischstuhl – ›Lean back and relax‹ – gekauft, und da war eine DVD beigelegt, damit ich alle Funktionen verstehe: integrated lumbar support, sliding seat, ballpoint system … Zurücklehnen und entspannen kann man nur mit einer DVD, die das Sitzen erst einmal erklärt!«

»Ich habe ein Festnetztelefon, ein Handy, ein Blackberry. Zurzeit funktioniert alles. Wie schön! Ich habe eine Liste von zehn Nummern, um meine Familie zu erreichen, die aus vier Personen besteht.«

»… und wenn man den Nippel durch die Lasche ziehen will«, ergänzt die Sechste mit einem Sektglas in der Hand, »brauche ich dafür eine 50-seitige Bedienungsanleitung in zehn Sprachen oder ein halbstündiges Telefonat mit irgendeiner Hotline. Der Tag ist voller Glück und Sonnenschein, wenn ich mit keinem Kundencenter, keinem Sprachcomputer telefonieren muss. Das bringt mich zur Raserei: ›Haben Sie technische Fragen, drücken Sie bitte die Eins …‹ Ich könnte schreien.«

Alle sind sich einig. Sie spüren tagtäglich die immer größer werdenden Anforderungen, die neue Technik an uns stellt, den Rückgang der klassischen Dienstleistungen, die Informationsflut, die permanente Überforderung und den Zwang, alles, aber auch alles selbst machen zu müssen. Sie sind es leid, ihr eigener EDV-Fachmann, ihr eigener Schreiner zu sein, sie fühlen sich zerrieben zwischen Pins und Tans, sind nicht in der Lage, mit ihrem Handy fernzusehen, Musik zu hören und Videos aufzunehmen. Sie sehnen sich danach, diesen Ballast loszuwerden, und fürchten doch, dass all dies immer stärker ihren Alltag bestimmen wird.

Der Champagner ist leer … Einer der Lektoren hält inne: »Wisst ihr was? Das ist ein tolles Buchthema. Egal wohin man schaut, egal mit wem man redet, jeder kann Geschichten erzählen von seinem immer komplexer werdenden Alltag, von der Überforderung unseres Zeitalters. Unser tägliches Absurdistan. Wer ist schuld an der neuen Unübersichtlichkeit? Die Industrie, die uns mit immer mehr Geräten versorgt, die Probleme schaffen, die wir vorher nicht hatten? Sind es die Techniker, die selbstverliebt etwas entwickeln, ohne auf unsere Bedürfnisse Rücksicht zu nehmen? Oder sind wir einfach zu blöd, um uns in der neuen Welt zurechtzufinden?«

So entstehen manchmal Bücher …

Die Welt der tausend unbezahlten Jobs

Kellner, Bankangestellter, Schaffner, Kassierer, Techniker, Softwareexperte, Tankwart, Einzelhandelskaufmann, Paketbote, Reiseberater – ich habe unzählige Jobs. Helmut Kohl, unser früherer Bundeskanzler, irrte gewaltig, als er vom »Freizeitpark Deutschland« sprach. Ich bin vollbeschäftigt: Das fängt montagmorgens an und hört freitagabends nicht auf.

Brötchen hole ich nicht mehr in der Bäckerei, sondern in der Backfactory. »Wir backen – Sie packen.« Dort schnappe ich mir ein Tablett, gehe an den Plexiglasboxen entlang und nehme mir mit einer Zange ein Vollkornbrötchen und ein normales heraus, zahle nur 35 Cent und packe die beiden Brötchen in eine Tüte.

Verkäuferin? Das war einmal. Ich bin mein eigener Verkäufer. Frühmorgens ertrage ich das mit Fassung.

Bevor es zum Job geht, hole ich noch schnell das Päckchen von der Packstation ab. Fünf Minuten laufe ich zu »meinem Briefkasten für meine Pakete« – so nennt es die Paketpost, die heute DHL heißt. »Barcode unter Laserstrahl halten.« Die Schublade öffnet sich, und ich schleppe eigenhändig die drei Kilo Post nach Hause.

Paketbote? Fehlanzeige. Ich bin mein eigener Briefträger.

Auf dem Weg zum Dienst ziehe ich mir eine Fahrkarte für den Bus aus dem Automaten. Der missgelaunte Fahrer, der sich auskannte mit all den Kurz- und Langstreckentarifen, Wochen-, Monats- und Schülerkarten, dem man die Mark beim Einstieg gab und von dem man dafür einen Fahrschein erhielt – das ist nur noch eine Kindheitserinnerung. Man zieht den Fahrschein selbst aus dem Automaten. Das soll einfach sein, ist es aber nicht.

Zugegeben, in meiner Heimatstadt Köln weiß ich, wann ich eine Kurzstrecke wählen darf. Aber wenn ich beispielsweise vom Flughafen München in die Münchner Innenstadt will – oh, Himmel! Abitur, Hochschulstudium, Lebenserfahrung reichen nicht aus, um die Tariflandschaft der Münchner Verkehrsbetriebe zu durchschauen. Der beste Satz auf dem Automaten: »Bahnsteigkarte zum Aufenthalt innerhalb der Sperrenbereiche von S-Bahn oder U-Bahn ohne gültige Fahrkarte ab Entwertung eine Stunde gültig.«

Ohne einen gut gelaunten Münchner, der den Job kostenlos für die Verkehrsbetriebe übernimmt und für mich die Tasten drückt, wäre ich aufgeschmissen.

Aber nicht nur an Fahrkartenautomaten der Münchner Verkehrsbetriebe wird meine Intelligenz getestet. In Düsseldorf stehe ich vor einem Automaten der Deutschen Bahn. Gefühlte 100 Einzelschritte sind zu absolvieren, um ein eigentlich harmloses Ticket zu erwerben. Ich drücke immer wieder auf den Bildschirm, gebe den Abfahrtsbahnhof »Düsseldorf« und den Zielbahnhof »Köln« ein, beantworte die Frage »Besitzen Sie eine Bahncard?« mit »Ja«, stecke die Bahncard in den Schlitz, drücke auf »weiter«, möchte bezahlen. Aber der Automat spuckt nur die Zugverbindungen aus und keine Fahrkarte. Ein Mann kommt zu Hilfe und will mir freundlicherweise zeigen, wie man den Automaten bedient. Aber auch er schafft es nicht. Heute gibt es kein Ticket – nur Reisepläne hat das Gerät im Angebot.

Meinem Ego tut es gut, dass auch der männliche Helfer scheitert. Sogar Experten sind spätestens nach zehn Minuten an einem solchen Automaten bedient, habe ich gelesen. Ich muss mich also ganz und gar nicht schämen. Schließlich bin ich erfahren im Do it yourself. Ich buche Flugtickets im Internet und checke am Flughafen selbstständig ein. Ich arbeite für die öffentlichen Verkehrsbetriebe genauso wie für die Lufthansa oder für airberlin. Ich bin immer ein Teil des Teams.

Von Düsseldorf nach Köln bin ich übrigens schwarzgefahren. Ich fand das gerecht. Ist es mein Problem, wenn ich das Gerät nicht bedienen kann? Es kam kein Kontrolleur, Glück gehabt.

Der Samstag ist bei mir Banktag. Früher haben Angestellte der Sparkasse für mich die Überweisungen und das Stornieren von Daueraufträgen erledigt. Früher. Die Zahl der Geldautomaten und Online-Kunden steigt ständig an, die Zahl der Bankfilialen ist in den letzten zehn Jahren entsprechend um mehr als ein Drittel zurückgegangen. Meine Filiale ist mein PC. Ich bin schon lange Online-Kunde.

Anfangs habe ich mich im Bademantel an den PC gesetzt, auch schon mal spätabends, wenn ich von Freunden kam und mir die vergessene Rechnung gerade wieder in den Sinn gekommen war. Damit habe ich aufgehört. Kein Multitasking mehr. Der Kaffee bleibt in der Küche, es wird nicht telefoniert und auch nicht nebenher in die Zeitung geschaut. Bankangestellter zu sein ist ein verantwortungsvoller Job – früher bedeutete das drei Jahre Ausbildungszeit und gerne Abitur als Voraussetzung! Diese anspruchsvolle Tätigkeit überträgt die Bank auf mich. Ich gehe sozusagen virtuell zum Schalter – auch wenn die Bank geschlossen hat. Vor dem Bankangestellten würde ich auch nicht im Schlafanzug auftauchen. Eben!

Drum erscheine ich am Samstagmorgen ordentlich gekleidet zum Termin mit meinem Computer. Pins und Tans erfordern Konzentration.

»Bitte geben Sie die Tan Nr. 85 ein.« Das ist kein legeres Spiel. Ich überweise die Handwerkerrechnung online, ändere den Dauerauftrag für die Miete und aktiviere die neue Tan-Liste. Das heißt, ich versuche es. Wie die Maske es vorgibt, trage ich die geforderte Tan-Nummer aus der alten Liste ein und eine andere Nummer aus der neuen. Ich schicke den Auftrag los. Plötzlich erscheint die Meldung: »Der Zugang ist gesperrt, bitte rufen Sie einen Berater an.« Nur welchen Berater? Ich bekomme Herzklopfen. Immer wenn etwas schiefgeht im virtuellen Geschehen, bekomme ich Herzklopfen. Weil ich nicht weiß, wo ich einen Menschen finde, der sich zuständig fühlt.

Die Menschen in der Sparkasse haben mit dem Onlinebanking nicht zu tun. Außerdem ist die Sparkasse heute sowieso geschlossen. Wo finde ich die Hotline-Nummer? Im Internet? Richtig!

Ich rufe die Hotline an. Ich habe Glück, es ist nicht besetzt – Samstagmorgen ist eine gute Zeit. »Bitte geben Sie ihre Legitimations-ID ein«, fordert mich der Sprachcomputer auf. Sie ist sechzehnstellig. Wirklich sechzehnstellig! »3568937296384004« – ich habe daran gedacht und sie vorher herausgesucht. Perfekt!

»Und bitte noch ihre Personalausweis-Nummer.« Auch die Handtasche ist greifbar, in der einen Hand das Telefon, mit der anderen wird die Brieftasche herausgezogen. Da sind der Personalausweis und die Nummer. Alles ist eingegeben. Der Berater – ein echter Mensch – hört sich mein Problem an und sagt mir gleich: »Sie müssen einen Fehler gemacht haben.«

»Nein, ich habe alles richtig gemacht.«

»Sie müssen dreimal die falsche Tan eingegeben haben.«

»Nein, das habe ich nicht.« Bis drei kann ich noch zählen.

Er versucht mich auszutricksen. »Wie oft haben Sie die Tan denn eingegeben?«

»Einmal.«

»Das kann nicht sein. Das System macht keine Fehler. In zehn Minuten wird es wieder frei sein. Dann wird es klappen. Und wenn nicht, dann müssen Sie halt noch einmal anrufen.«

Gott bewahre. Warum zum Teufel hat der Nutzer immer unrecht? Ein Klick hier, ein Klick da, das System herunterfahren. Neu starten. Hoffen.

Spaß macht das Bankangestellter-Spielen nicht. Meine gute Laune ist dahin. Ich aktiviere, überweise, lösche, ändere alles selbst, zahle aber dennoch 20,85 Euro Gebühren für drei Monate. Ich lasse mich als billiger Helfer ohne Ausbildung und Fortbildung einsetzen, und dann muss ich mir auch noch vorwerfen lassen, ich könne nicht bis drei zählen. Ich bin sauer und weiß doch, mein Zorn erreicht kein Gegenüber. Hier bin nur ich – die von mir selbst angelernte Sparkassenangestellte, ich bin allein auf Pins und Tans gestellt.

Nach zehn Minuten habe ich tatsächlich wieder Zugang. Habe doch ich einen Fehler gemacht? Oder hat das System gesponnen? Woran es auch immer gelegen hat: Die Tans sind aktiviert, alle Rechnungen bezahlt. Nach gut einer Stunde ist mein Bankangestelltenjob am Samstag zu Ende.

Jetzt bleibt noch Zeit für ein vergnügtes Shopping in einem schwedischen Möbelhaus. In jede Studentenbude gehört ein Billy-Regal von Ikea. Früher war es meine eigene. Heute ist es die meiner Tochter. Wir starten in die große Welt der Selbermacher. Nichts wie hin zu Ikea, die Artikelnummern herausgesucht, das Paket aus dem Regal gewuchtet. Schnell zur Kasse und dann nach Hause damit.

Wir tragen die Pakete die Treppe hoch und bauen das Regal zusammen. Nein, es fehlen keine Schrauben, keine Dübel, alles ist vorhanden. Für den Zusammenbau eines Regals von Standardgröße 80 mal 2,02 Zentimeter benötigen wir zwanzig Minuten. Durchschnitt sind etwa 15 Minuten.

Experten haben ausgerechnet, was dieser Selbstbau dem Möbelhaus einbringt: 41 Millionen Billy-Regale wurden bisher verkauft, eine Viertelstunde braucht der Durchschnittskunde für den Aufbau. Legt man einen Stundenlohn von zehn Euro zugrunde, dann spart Ikea 164 Millionen Euro im Jahr ein, weil die Firma keine Endmonteure einstellen muss. Ich fühle mich ausgebeutet zwischen Holzdübeln und Inbusschlüsseln. Denn Dienstleistungsgesellschaft bedeutet vor allem eins: Der Kunde leistet die Dienste.

Früher war das anders. Da gab es beispielsweise Kaffee in der Tasse oder im Kännchen. Mit Kondensmilch oder ohne. Der Kellner kam und bediente. Das war einmal.

Caffè Latte, Caffè Mocha, White Caffè Moccha, Caramel Macchiato, Cappuccino, Espresso, Caffè Americano …, so lautet die verwirrende Auswahl bei einer amerikanischen Kaffeehauskette. Dazu noch die Geschmacksrichtungen: Vanilla, Caramel, Almond, Hazelnut, Peppermint, Raspberry – Englischkenntnisse werden vorausgesetzt. Dann sollte man noch wissen, ob man den Kaffee »for to go« bestellen oder im Laden trinken will. Und die Größe ist auch nicht zu vernachlässigen: tall, grande oder venti. Ist »grande« größer als »tall«? Und was heißt bloß »venti«?

Wehe, ich will mir dazu noch ein Sandwich holen. Dann muss ich mich im Sandwich-Store ein Haus weiter noch entscheiden, welches Brot ich will – es gibt vier verschiedene Sorten – und welchen Belag: Beef, Chicken Fajita, Italien B. M. T., Chicken Terijaki ..., dann den Käse aussuchen, den Salat und die Soße.

Kein Wunder, dass die Vielzahl an Kaffeegetränken oder Sandwiches jeden Kellner überfordern würde. Deshalb hat man die Kellner abgeschafft und die Aufgabe dem Kunden übertragen. Logisch: Niemand weiß besser als ich selbst, was ich essen und trinken will: einen Veggie Delite aus dem Sandwich-Store und einen tall Caramel Caffè Mocha (no whip) for to go – oder doch lieber einen Cappuccino for here?

Im alten Café nebenan zahle ich für einen Cappuccino 2,50 Euro und werde bedient. Aber es ist trendiger, in einen Coffeeshop zu gehen. Dafür zahle ich dann 3,40 Euro, warte auf den Kaffee mit dem Milchschaumhäubchen, nehme mir ein Stück Zucker, streue noch etwas Kakao auf die Milch und trage den Kaffee an den Tisch. Ich bin mein eigener Kellner – bekomme aber kein Trinkgeld.

Zugegeben, bei der Summe von 3,40 Euro fällt das Trinkgeld nicht ins Gewicht. Aber wenn ich mit Freunden für 50 Euro in einem Restaurant essen gehe – wie vor kurzem in Münster geschehen –, dann wäre ein gutes Trinkgeld drin. In Münster gibt es eines dieser italienischen Selbstbedienungsrestaurants. Wir holen uns die Bestecke, wir besorgen die Getränke, wir stehen für das Essen an wie in einer Kantine. Das Belegen der individuell auf uns zugeschnittenen Pizza wird uns – immerhin – von angelernten Helfern hinter der Theke abgenommen, auch das Backen. Der Salat wird gemischt. Alles andere machen wir selbst und finden das toll. Abräumen müssen wir nicht, Spülen – auch noch nicht.

Zwei Tage darf ich in einem Fünfsternehotel übernachten. Das Frühstücksbüfett kostet 26 Euro. Dafür balanciere ich das Obst, den Saft, die Rühreier, die Brötchen, die Wurst, den Käse an meinen Tisch. Sogar in einem Fünfsternehotel bin ich mein eigener Kellner. Da kann man doch gleich zu Hause bleiben!

Das bedeutet allerdings, dass man einkaufen muss. Besonders dann, wenn der Kühlschrank leer ist. Ich nutze die Fahrt zu Freunden, um den Großeinkauf ganz stressfrei am Abend zu erledigen. Um kurz vor acht besuche ich in einer fremden Stadt den großen Supermarkt auf der ehemals grünen Wiese. Obst, Gemüse, Milch, Joghurt, Nudeln, Reis, Mehl, Tomaten, Toilettenpapier, Spülmittel – was man so braucht. Ich laufe entgegen dem Uhrzeigersinn durch die unendlichen Regalreihen. Übersichtlichkeit ist unerwünscht. Mein Gehtempo soll so vermindert und das Shoppingerlebnis verlängert werden. Ich finde trotzdem den Weg zur Kasse.

Dort schaue ich mich um: Kassen, so weit das Auge reicht. Aber keine einzige Kassiererin.

Ich spreche eine Familie mit Kleinkind an: »Kommt hier keine Kassiererin?«

»Hier kassiert man selbst«, lautet die sachliche Antwort.

Ach so.

»Sie müssen die Waren einfach über den Scanner ziehen.«

Ach so.

Ich höre die freundlichen Worte des Familienvaters, entnehme ihnen aber eine andere Botschaft: »Gott, die weiß nicht mal, dass hier jeder selber kassiert. Die lebt ja hinterm Mond.«

Ich lerne schnell, wie man den Strichcode über den Screen zieht. Es piepst. Am Schluss kommt ein Beleg mit der Summe von 83,27 Euro aus dem Automaten. »Scannen Sie diesen Beleg an einer Zahlstation«, werde ich schriftlich aufgefordert. Ich gehe zur Zahlstation. Ich wähle zwischen Kreditkarte, EC-Karte und Bargeld. Die 83,27 Euro werden eingezogen. Niemand ist da, der kontrolliert? Oder doch?

Ich habe schon wieder einen neuen Job. Ich habe mich nicht darum beworben. Ich bin eingestellt worden, ohne gefragt zu werden. Keinen Pfennig bekomme ich für meine Leistung. In 65 Märkten der Metro-Gruppe scannen und kassieren die Kunden schon jetzt. 20 Prozent der Supermarktketten beabsichtigen, in den nächsten Jahren Selbstzahlerkassen zu installieren. Die früheren Angestellten haben das Nachsehen, und der Discounter hat den Profit. Niemand beschwert sich, alle machen das Spiel mit.

Ich besuche den Future Store in der Nähe von Krefeld, in dem die Metro-Gruppe die Handelskonzepte und -technologien der Zukunft testet. Dort kann ich einen Eindruck von dem bekommen, was mich in Zukunft noch alles erwartet. Handys mit Kamerafunktion haben den Job eines »*m*obilen *E*inkaufs*a*ssistenten« (MEA) übernommen. Früher nannte man das Verkäufer. Gleich am Eingang scanne ich den Strichcode meines Einkaufswagens mit meinem MEA. Aber auch Ally oder Roger helfen. Diese Roboter mit Touchscreen dirigieren den Kunden zu dem Regal mit der Gemüsebrühe oder dem Schokoladenpudding. Zurzeit hat Ally Dienst, Roger hängt an der Steckdose.

Ich hänge an meinem MEA: Mit der Kamera dieses Handys scannt man alle Produkte ein. Theoretisch. Ich versuche den Strichcode an der Petersilienkiste wie empfohlen mit ruhiger Hand aus 10 bis 15 Zentimeter Entfernung mit der Kamera zu fixieren. Sosehr ich mich bemühe, es klappt nicht. Die Gefrierdosen hingegen nimmt der MEA ohne Probleme. Ich versuche zu entziffern, was jetzt auf dem Display steht: Wer das lesen kann, der muss nie mehr zum Augenarzt.

Bei einem kleinen Topf Primeln versagt MEA total. Aber er fordert mich auf: »Geben Sie bitte den Strichcode per Hand ein.« Ich ziehe die Stirn in Falten: Moment mal, MEA ist doch mein Assistent, und jetzt soll ich die 13 Zahlen unterhalb des Strichcodes angeben? Ich denke gar nicht daran – schon weil ich dazu eine Lupe bräuchte.

Bei den Drogerieartikeln will ich eine Handcreme einscannen. Ich drücke aus Versehen eine falsche Taste. MEA meldet »Fehlercode 10004«, und alles Eingescannte ist futsch. Ich schaue mich nach einem Helfer um. Dahinten ist Ally, der Roboter, der mich zu Nudeln oder Marmeladen führen könnte. Nur möchte ich weder das eine noch das andere. Dann sehe ich eine Angestellte. Sie weiß nicht, wie man den MEA bedient, aber sie kennt jemanden ... Schon ist sie weg. Nach ein paar Minuten kommt sie zurück. Ich müsse alles noch einmal einscannen, habe der Kollege gesagt. Das hatte ich mir auch schon gedacht.

Ich habe genug vom Future-Einkauf. An der MEA-Kasse scanne ich alles nach, was ich im Einkaufswagen habe. Nur die Handcreme will diesmal nicht. Ich erfahre, dass ich den falschen Code gescannt habe. An der Handcreme ist nämlich außerdem noch ein RFID-Code angebracht. Woher soll ich denn wissen, was ein Strich- und was ein RFID-Code ist?

RFID – das heißt »Radio Frequency Identification«. Ein winziger Chip, der ununterbrochen Informationen senden kann. So lässt sich der Weg vom Hersteller bis ins Verkaufsregal lückenlos nachvollziehen. Das soll Kosten sparen.

Aber was kann dieser Chip in Zukunft noch alles? Man stelle sich vor, ein solcher Chip bliebe nach dem Kauf an der Pizza. Was wäre dann alles möglich? Dann könnte der Chip dem Backofen beispielsweise sagen, wie die Pizza richtig zubereitet wird. Schöne neue Welt? In der Gesundheitskarte sind solche Chips, im Reisepass, in der Kreditkarte und in Zukunft eben auch noch an der Pizza.

Science-Fiction. In meiner Vorstellung läuft – nach einem Szenario, das im Internet kursiert – ein Film ab, wie der Roboter mit Touchscreen in Zukunft dann meine Einkäufe steuert.

»Kann ich bitte Ihre NIDN haben?«, sagt er.

»Meine nationale ID-Nummer, ja, warten Sie, die ist 6102049998-45-54610.«

Einkaufsassistent: »Vielen Dank. Sie wohnen in der Rosenstraße 25, und Ihre Telefonnummer lautet 89 568 345. Ihre Firmennummer ist 74523 0 und Ihre Durchwahl 56.«

»Wo haben Sie alle diese Informationen her?«

»Wir sind angeschlossen an das System und haben Zugriff auf alle Ihre Speicherchips.«

Ich nehme aus der Kühltheke zwei Pizzas.

Wieder meldet sich der Roboter zu Wort: »Ich glaube nicht, dass das gut für Sie ist.«

»Wie bitte?«

»Laut Ihrer Krankenakte haben Sie einen zu hohen Blutdruck und extrem hohe Cholesterinwerte. Ihre Krankenkasse würde eine solche ungesunde Auswahl nicht gestatten.«

»Was empfehlen Sie denn?«

»Sie könnten unsere Soja-Joghurt-Pizza mit ganz wenig Fett probieren. Sie wird Ihnen bestimmt schmecken.«

»Wie kommen Sie darauf, dass ich das mögen könnte?«

»Nun, Sie haben letzte Woche das Buch ›Sojarezepte für Feinschmecker‹ aus der Bücherei ausgeliehen. Deswegen habe ich Ihnen diese Pizza empfohlen.«

»Okay, okay. Ich nehme zwei davon. Was kostet der Spaß?«

»8,20 Euro. Aber wenn Sie die Pizzas kaufen, ist Ihr Kreditrahmen überzogen.«

»Dann zahle ich mit meiner EC-Karte.«

»Daraus wird wohl auch nichts. Ihr Girokonto ist ebenfalls überzogen.«

So weit ist es noch nicht. Future! An der MEA-Kasse halte ich inzwischen den ausgedruckten Beleg unter den Laserstrahl und zahle mit Karte; es wäre auch mit – vorher registriertem – Fingerabdruck möglich. Und was ist mit dem RFID an meiner Handcreme? Angeblich hört der kleine Sender auf zu senden, wenn man das Gelände verlässt. Wer es nicht glaubt, kann die Handcreme unter den Deaktivator schieben. Scannen, nachscannen, Beleg unter Laserstrahl halten, zahlen per Fingerabdruck, deaktivieren …

Zugeben, es war ein Erlebnis, futuremäßig einzukaufen. Aber will ich das? Kann ich das noch im Alter? Will ich mit einem Einkaufsassistenten reden statt mit einer Verkäuferin? Will ich einen vollautomatisierten Supermarkt? Will ich an meinen Discounter senden, wie lange der Joghurt in meinem Kühlschrank steht, ob ich einen oder fünf Kilometer vom Geschäft entfernt wohne?

Datenschützer sehen die Sache skeptisch: Was passiert mit den Daten? Wie lange werden sie gespeichert? Wer hat darauf Zugriff? Wic kann man Datenmissbrauch vorbeugen? Die Europäische Union streitet noch über den Einsatz. Und ich als Kunde möchte gefragt werden, was mein Joghurt tun soll und was nicht, was der Discounter über mich wissen darf und was nicht.

Noch bin ich Kunde und nicht der Leibeigene des Unternehmens. Oder stimmt das nicht mehr?

Ich will keinen Radio Frequency Identification Code. Ich will auch keine Roboter oder Selbstbedienungskassen. Ersteres ist noch Zukunftsmusik, Letzteres fast schon Alltag: Peek&Cloppenburg, Ikea, Rewe, Edeka – Mitmachkunden will man ermöglichen, Zeit zu sparen, indem sie selbst kassieren. Das ist immer das Argument. Dabei wird umgekehrt ein Schuh daraus: Erst reduziert man die Kassiererinnen. Die Kunden stehen in langen Schlangen an. Die Kunden sind genervt. Dann führt man SB-Kassen ein, Begründung »besserer Service«, und verkauft den Kunden die eigene Arbeitsleitung als Fortschritt. Dann schafft man die Verkäufer ab und macht den Kunden zu Marionetten von Handys mit Touchscreen: »Die gesuchte Bluse hängt im ersten Stock.« Das nennt man Marketing?

In grauer Vorzeit, Anfang der 50er, hat mit der Erfindung der Supermärkte das Jahrhundert der tausend Jobs begonnen. Damals wurde den Kunden mitgeteilt, es sei ein tolles Erlebnis, mit Einkaufswagen durch die Regalreihen zu fahren und sich die Nudeln, Gurken und Würste selbst zu suchen. Später dann, als die Kunden immer unordentlicher wurden, führte man eine Leihgebühr von einer Mark, später einem Euro für einen Einkaufswagen ein. Seitdem erhalte ich für einen Euro einen Einkaufswagen, habe mein Shopping-Erlebnis und stelle dann den Wagen ordentlich wieder weg.

In manchen Geschäften darf ich auch das Obst und Gemüse selbst abwiegen. Das finde ich gut. Ich lege meine Äpfel gerne auf die Waage, und wenn der Preis ausgedruckt ist, lege ich noch einen extra in die Tüte.

Das finde ich, ist ein gerechter Lohn für meine Arbeit. Schade nur, dass anscheinend Tausende andere Kunden auf dieselbe Idee gekommen sind. In so manch einem Supermarkt wiegt jetzt die Kassiererin das Obst und Gemüse wieder selbst ab. Das heißt: Die Unternehmen stellen mich zwar gerne an, aber sie gönnen mir dafür nicht einmal einen kostenlosen Apfel.

In Deutschland gibt es rund sieben Millionen Minijobber. Sie bekommen 400 Euro im Monat. Das ist nicht viel. Aber immerhin: Sie werden – wenn auch schlecht – bezahlt. Noch billiger ist es aber, den Kunden anzustellen. Der mutiert vom König zum Knecht. Ganz still und leise habe ich all die Dienste derer übernommen, die mittlerweile sang- und klanglos verschwunden sind. Kellner, Bankangestellter, Schaffner, Kassierer, Techniker, Tankwart, Einzelhandelskaufmann, Paketbote, Reiseberater. Ich habe aber keine ordentliches Anstellungsverhältnis in der Post-Bahn-Peek-&-Cloppenburg-TUIfly-Real-JET-Vapiano-IKEA-Starbucks-Deutsche-Bank-Lufthansa-Telekom-Subway-Welt. Es sind 1001 Jobs, die mir aufgebürdet wurden.

Seltsam, dass niemand protestiert gegen diesen alltäglichen Minuten-Diebstahl, der in der Summe Stunden, Tage und Monate beträgt, der der Grund ist für Hetze, Stress und Überlastung!

Lost im Parkhaus

Die Entenbrust in Orangensauce ist gegessen, die Petersburger Quarkspeise auch. Die Flasche Wein ist geöffnet. Ich habe drei Freunde zu Gast. Hans fordert mich auf: »Komm, erzähl doch mal, worum es bei deinem neuen Buchprojekt geht.«

»Ich rede nicht gern über ungelegte Eier. Ich lasse mich nur breitschlagen, wenn ihr mir Stoff liefert. Das wäre doch ein Deal, oder?«

»Aha, deshalb hast du uns also eingeladen«, kontert Peter, der Zweite im Bunde.

»Es dreht sich um die Komplexität unseres Alltags«, beginne ich zu erzählen. »Wir müssen uns auf völlig undurchsichtigen Märkten zurechtfinden, mit Hotlines verhandeln und schauen, dass wir in der computerisierten Lebenswelt nicht verloren gehen. Unsere Gesellschaft wandelt sich, aber der Wandel vollzieht sich schleichend und betrifft so viele Bereiche, dass wir noch gar nicht verstehen, wie tiefgreifend er ist. Einfach – das war einmal.«

Ich sehe die Fragezeichen auf den Gesichtern meiner drei Gäste. »Das hört sich ziemlich theoretisch an, meint ihr? Ist es aber nicht. Nehmen wir zum Beispiel den simplen Vorgang des Parkens in einem Parkhaus. Das kann zu einer höchst komplizierten Angelegenheit werden. Man glaubt es nicht.«

»Stimmt«, unterbricht mich Hans, »das habe ich auch schon erlebt.«

»Kleeausstellung vor ein paar Wochen«, fahre ich fort. »Ich parke auf dem Museumsparkplatz, nachdem ich einen Parkschein gezogen habe. Als ich zurückkomme, schiebe ich den Parkschein in den Automaten und schaue auf das Display. Dort erscheint kein Betrag – nein, dort hängt ein kleiner handschriftlicher Zettel: ›Gerät ist defekt. Bitte keinen Parkschein in den Automaten stecken.‹ Tja – der Parkschein war aber schon in dem defekten Gerät verschwunden. Ich gehe zum Schalter. Der Angestellte ist ungehalten: ›Warum stecken Sie den Parkschein hinein? Steht doch da, dass der defekt ist!‹ Hinter mir warten zwei Pärchen.«

Peter unterbricht: »Lass raten. Die haben auch den Parkschein blind eingeführt, ohne vorher auf das Display zu schauen?«

»Genau. Ich war also nicht die einzige Blöde. Sehr beruhigend!«

»Logisch«, mischt sich Hans ein. »Man ist so konditioniert: Unten gibt man das Ticket ein, dann sieht man oben links im Display die Anzeige, unten rechts muss ich dann Geld einwerfen, bis das Ticket links unten wieder herauskommt. Und weil wir uns an diese idiotischen Automaten inzwischen gewöhnt haben, schieben wir zuerst den Parkschein rein und schauen dann auf das Display.«

»So habe ich auch gegenüber dem Angestellten des Parkhausbetreibers argumentiert: ›Vielleicht sollten Sie lieber den Schlitz zukleben. Das wäre eindeutiger. Das Verhalten von Nutzern ist nämlich so: Zuerst stecken sie den Parkschein in den Schlitz und dann erst schauen sie auf das Display.‹

Er hat mich ungläubig angeschaut: ›Was für ein Nutzer?‹

Ich habe es noch mal versucht: ›Besser wäre es, den Schlitz zuzukleben!‹

›Aha‹, war seine Reaktion.

Ich hätte ihm auch noch erklären können, dass der Mensch an sich immer von oben nach unten vorgeht. Immer das, was oben steht, erledige ich zuerst. Eigentlich ganz simpel. So gesehen sind diese Automaten sowieso völlig falsch konstruiert.

Ich musste übrigens nur drei Euro zahlen. Museumsbesuch und Parkgebühren waren gekoppelt, es war also egal, wie lange ich geparkt hatte. Wenn aber nach Stunden abgerechnet worden wäre, wie hätte dann wohl die Berechnung für das im Gerät verloren gegangene Ticket ausgesehen? Fakt ist jedenfalls: Der Parkhausbetreiber hatte Schwierigkeiten mit seinem kaputten Ticketautomaten, und ich als Kunde wurde gerügt, dass ich mich falsch verhalte.«

»Das hat System«, ergänzt Hans. Er will endlich auch seine Story loswerden. Auch Barbara meldet sich zu Wort. »Ich habe auch noch eine Parkgeschichte!«

Doch erst mal beginnt Hans: »Ort der Handlung: Frankfurter Flughafen. Ich bin in das riesige Parkhaus gefahren, habe ein Ticket gezogen, meinen Sohn zum Terminal gebracht. Wieder im Parkhaus habe ich die Karte in den Schlitz des Kassenautomaten geschoben – wie sich das gehört. ›Das Parkticket ist nicht lesbar‹, stand auf dem Display. Ich hab dann getan, was man immer in solchen Fällen tut: Karte herausnehmen, wenden, glatt streichen, wieder einführen. Wieder nicht lesbar. Erst habe ich gedacht, es liegt an dem Automaten. Ca. 50 Meter weiter gab es den nächsten. Wieder: ›Der Parkschein ist nicht lesbar.‹«

»Und bei anderen Kunden? Hat es da funktioniert?«, frage ich dazwischen.

»Ja, keine Probleme. Ich habe noch einen dritten Automaten ausprobiert, dann eine Weile ratlos herumgestanden, bis ich ein Wandtelefon entdeckte. In diesen langen Gängen findet man nirgends eine Kasse oder eine Person, die für nicht funktionierende Parkscheine zuständig ist. Ich habe also den Hörer abgenommen und die Information angerufen. Die Nummer stand tatsächlich über dem Telefon. Die Dame von der Information gab mir den Tipp, dass ich auch an der Ausfahrt bezahlen könne. Ich hatte nie registriert, dass es am Ende dieses irre großen Parkhauses eine Kasse gibt. Dort angekommen, sah ich schon die Schlange vor dem Glaskasten, in dem die Aufsicht sitzt. Ich dachte natürlich, ich sei der Einzige mit diesem Problem, und ging deshalb direkt zu dem Angestellten, der hinter der Glasscheibe saß: ›Entschuldigung, bei mir ist nur das Ticket nicht lesbar.‹ Alle in der Schlange haben gelacht: ›Bei uns auch!‹ Das bedeutete: hinten anstellen.

Die Sache zog sich hin. Ich musste dann nicht nur mein Ticket abgeben, sondern auch noch mein Auto-Kennzeichen angeben. Alles wurde wortlos in den PC eingetippt, und dann überprüfte der brummige Angestellte anhand des Überwachungsvideos, ob mein Auto wirklich um 10.57 Uhr eingefahren war.«

»Was hat das für einen Sinn?«, unterbricht Peter.

»Na ja, vielleicht um die Zeit zu berechnen?«, vermute ich, »man könnte ja schummeln und eine falsche Zeit für die Einfahrt angeben.«

Hans schüttelt den Kopf: »Die Zeit steht auf dem Parkschein. Ich habe jedenfalls gewartet, gewartet, gewartet, bis beim Rückspulen des Videos auf die angegebene Zeit tatsächlich mein Auto zu sehen war. Mir hat sich der Sinn dieser Aktion nicht erschlossen. Es war ja nicht meine Schuld, dass das Parkticket nicht zu lesen war.

›Kann ich jetzt zahlen?‹, fragte ich den wortkargen Parkhausangestellten.

›Nein‹, antwortete der und gab mir einen neuen Parkschein. ›Zahlen müssen Sie an dem Automaten.‹

Ich habe auch noch ›Danke‹ gesagt. Dabei war es doch nicht mein Problem, dass die Karte nicht lesbar war. Übrigens, kleine Anekdote am Rande: Als ich in mein Auto einstieg, sah ich einen Autofahrer an der Schlange vorbeilaufen und hörte, wie er lauthals auf den Parkhaus-Menschen einredete: ›Wir sind eingelassen worden, aber alle Ampeln auf den Etagen stehen auf Rot, es gibt gar keine freien Parkplätze mehr. Jetzt sind schon 20 Minuten vergangen, wir landen hier vor der Ausfahrt und sollen bezahlen, obwohl wir doch gar nicht geparkt haben.‹«

»Komplexität des Parkens!« Peter lacht über diesen Irrsinn. Er ist Betriebswirt und hebt das Ganze auf eine höhere Ebene: »Man könnte es auch so formulieren: Die Produktqualität stimmt nicht. Wir parken nicht zum Vergnügen. Wir parken, weil wir parken müssen. Unternehmerisch ausgedrückt: Wir nehmen das Produkt ›Parken‹ in Anspruch und dafür zahlen wir. Als Gegenleistung hat das Produkt zu funktionieren.«

»Tut es aber nicht immer, und das Ergebnis sind Parkabenteuer, die man nie vergisst«, meldet sich Barbara zu Wort.

»Seht ihr«, sage ich. »Wir wollen nur eine Parklücke finden, einkaufen, bezahlen und wieder ausparken. Früher gab es Parkplätze, da stand ein Parkwächter, der hatte den Überblick über freie Plätze, kassierte und gut war. Aber heute? Einfach nur Parken – dieser Wunsch ist in der technisierten Parkwelt nicht einfach zu erfüllen …«

»Du könntest auch sagen«, ergänzt Hans, »du wirst als Kunde mit einem technischen Problem konfrontiert, für das du nicht verantwortlich bist, und trotzdem hast du dafür zu büßen. Ich finde, der Parkhausbetreiber hätte sich für seine kaputten Automaten und die dadurch entstehenden Unannehmlichkeiten entschuldigen und mich umsonst parken lassen müssen. Stattdessen muss ich warten, werde kontrolliert und darf dann noch die Wartezeit mitbezahlen.«

»Die paar Euro, da kann ich nur lachen. Bei meiner Parkepisode geht es um ganz andere Summen. Ich versichere euch: Sie ist nicht erfunden!«, sagt Barbara. »Das Parkhaus ist ein kleiner Geheimtipp in Berlin, in der Nähe der Friedrichstraße. Ich hatte meine samstäglichen Einkäufe erledigt, noch ein Buch gekauft und ging zurück zu dem Parkhaus. Dieses Gebäude stammt noch aus DDR-Zeiten, die Einfahrt ist extrem eng, man muss als Autofahrerin aus dem Rheinland schon seinen ganzen Mut zusammennehmen, wenn man dort hineinfährt. Das hatte ich aber alles prima geschafft – und jetzt wollte ich wieder raus. Rund eine Stunde war ich unterwegs gewesen. Ich steckte also meinen Parkschein in den Schlitz und schaute auf das Display. Dort erschien die Zahl 22 000 Euro! So viel wollte der Automat für eine Stunde Parken von mir haben.«

»22 000 Euro? Machst du Witze?« Wir schauen sie ungläubig an.

»Ich habe euch ja gesagt, ihr werdet mich fragen, ob das wirklich wahr ist. Ich schaute also einmal, zweimal, dreimal auf das Display. Ich dachte, ich werde irre, leide plötzlich unter Halluzinationen. Ich brach den Vorgang ab, dann versuchte ich es erneut. Wieder 22 000 Euro. Ein Ehepaar hinter mir lachte: ›Regen Sie sich nicht auf, hier ist irgendwo eine Kamera versteckt.‹ Ich schaute mich um: Da war keine Kamera. Ich ließ das Ehepaar vor, in der geheimen Hoffnung, in ihnen Verbündete zu finden, weil sie auch so eine absurde Summe bezahlen sollten. Aber das Display zeigte bei ihnen: 2,50 Euro. Sie wünschten mir viel Glück und gingen zu ihrem Auto. Ich versuchte es wieder und wieder. Irgendwann habe ich einen Euro eingeworfen. Nun sollte ich nur noch 21 999 Euro zahlen.«

»Immerhin, subtrahieren konnte der Automat«, meint Hans trocken.

»Ich war eher entsetzt. Denn das zeigte mir ja: Der Automat meinte es ernst mit den 22 000 Euro. Ich ließ immer wieder andere Kunden vor, die alle mein Unglück sehr lustig fanden. Jeder kam mir mit der versteckten Kamera. Mein Sinn für Humor hatte inzwischen sehr nachgelassen. Eigentlich war ich auch in Eile.«

»In einer solchen Situation ist man immer in Eile«, wirft Peter ein. »Ich vermute, den Termin hast du abgesagt?«

»Genau, ich sah einfach keine Chance, aus dem Parkhaus herauszukommen.«

»Gab es denn keinen Glaskasten mit einem Angestellten oder einen Wachdienst?«

»Nichts dergleichen. Auf dem Kassenautomaten war ein Alarmruf installiert. Den habe ich auch betätigt. Eine Ansage war zu hören: ›Leider sind wir zurzeit nicht zu erreichen. Bitte wählen Sie in Notfällen die Berliner Telefonnummer soundso.‹ Das habe ich gemacht. Dort wurde mir mitgeteilt, dass man eine Handynummer wählen soll. Dort landete ich auf einer Mailbox.«

Barbara zündet sich eine Zigarette an, die Weinflasche geht herum. »Inzwischen herrschte nicht mehr viel Betrieb in dem Parkhaus. Es war schon fast 20 Uhr. Mir fiel ein, dass es in der Einfahrt einen Fahrradladen gab. Der Verkäufer war sehr nett – auch wenn er mich zuerst nicht ernst genommen hat: ›Dann wollen wir uns ihr Problem mal anschauen. 22 000 Euro – das ist ja absurd.‹ Nachdem er aber das Ticket eingeschoben hatte, kapitulierte auch er. Ich war inzwischen ziemlich verzweifelt und überlegte, ob ich eine Freundin in Hamburg anrufen soll, die Juristin ist.«

»Was hätte die tun sollen?«, fragt Hans.

»In einer solchen Situation denkt man nicht logisch«, werfe ich ein.

»Genau«, fährt Barbara fort. »Oder sollte ich die Polizei einschalten? 22000 Euro – das war ja mehr, als mein Auto gekostet hat. Sollte ich den Wagen einfach stehen lassen? Ich war völlig konfus. Ein älterer Mann holte mich dann in die Realität zurück. Mein elendiger Anblick muss ihn gerührt haben. Er hörte sich die Geschichte an, nahm mir die Karte auf väterliche Art aus der Hand. So nach dem Motto: ›Jetzt helfen wir mal der jungen Frau aus der Patsche. Die hat doch bestimmt irgendwas falsch gemacht.‹

Als der Automat auch bei ihm 22000 Euro anzeigte, sah ich sein krasses Erstaunen. Er schwieg erst, überlegte. ›Warten Sie …‹ Er schob sein eigenes Ticket ein, bezahlte und sagte: ›Ich habe eine Idee. Kommen Sie mit.‹

Der Mann war wirklich patent! Er fuhr mit seinem Wagen zur Ausfahrt, passierte die Schranke, ich blieb mit meinem Auto davor stehen. Er wendete – eine Kunst in diesem Parkhaus – und fuhr erneut über die Schleife, so als wolle er wieder hineinfahren, zog einen neuen Parkschein, setzte zurück, stieg aus dem Auto und reichte mir das neue Ticket. Ich lief in Windeseile zum Automaten, zahlte 50 Cent, fuhr raus und verabschiedete mich von meinem Retter.«

»Wie lange hat diese Form der modernen Freiheitsberaubung gedauert?«, fragt Peter.

»Alles in allem etwa eineinhalb Stunden! Kaum zu glauben! Ich habe lange gerätselt, wie es dazu kommen konnte. Immer und immer wieder habe ich das Parkticket, das ich immer noch habe, gedreht und gewendet. Irgendwann fiel mein Blick auf das Einfahrtsdatum: 12. 05. 2005. Es war das Jahr 2005 angegeben statt 2009! Das heißt: Ich soll vier Jahre in dem Parkhaus geparkt haben – so lange besitze ich das Auto noch gar nicht.«

»Dem älteren Herrn musst du wirklich dankbar sein, dass er dich gerettet hat«, bemerke ich. »Stell dir vor, du hättest einen Angestellten angetroffen und dem erklären müssen, dass dein Auto nicht vier Jahre in diesem Parkhaus gestanden hat.«

»Aber nur, wenn er auf das falsche Datum aufmerksam geworden wäre«, meint Hans.

»Mir hat die Sache jedenfalls keine Ruhe gelassen«, sagt Barbara. »Ich habe versucht den Parkhausbetreiber ausfindig zu machen. Selbst das war nicht einfach. Erst die Sonderstelle bei der Auskunft konnte mir verraten, dass das Parkhaus zu einer Wohnungsbaugesellschaft gehört. Dort habe ich irgendwann eine nette Dame erreicht, die für Parkhäuser zuständig ist. Sie hielt die Geschichte für frei erfunden, schließlich sei immer ein Wachdienst vor Ort, schließlich könne man immer den roten Knopf drücken …«

»Klar – etwas anderes wäre auch eine Überraschung. Das Parkhaus hat ein Problem, und Schuld hat der Kunde.«

»Nein, ganz so war es nicht. Sie versprach sich zu erkundigen. Ich hatte recht. Die Software des Fahrscheinautomaten hatte mehrere Tage Probleme mit der Datumseinstellung. Immer wieder ist das falsche Jahr eingegeben worden. Nicht nur ich, auch viele andere Kunden hatten Schwierigkeiten mit viel zu hohen Parkgebühren.«

»Aber du hast geglaubt, du wärst irre, nicht wahr?«

»Genau!«

»Und du«, Peter wendet sich mir zu, »hast jetzt zwei neue Geschichten.«

»Und was für welche!« Ich lache. »Ich hab's ja gesagt, man muss die Menschen nur erzählen lassen.« Die Weinflaschen sind leer, die Runde geht auseinander.

Schaurige Parkhaus-Gruselgeschichten – was lerne ich daraus?

Erstens: Wenn der Automat spinnt, hilft es manchmal, sich einen neuen Parkschein zu besorgen. Die meisten Autofahrer werden Verständnis haben.

Zweitens – und dieser Tipp stammt von Experten: einen Wagen durchfahren lassen und sofort auf die Kontaktschleife im Boden einen metallischen Gegenstand legen, z. B. einen Wagenheber. Dann geht die Schranke nicht mehr zu. Manchmal ist der Widerstand der Schranke auch gering, und man kann sie per Hand nach oben drücken. Natürlich sind das nur Tipps für den Notfall!!

Ich bin Passwörter, Pins und Tans

Ich war drei Wochen in Vietnam: mehr als tausend Kalksteininseln gehören zur Halong-Bucht, das legendäre Rex Hotel erinnert an den Vietnamkrieg, in den Bergen lebt die Bevölkerung in traditionellen Langhäusern …

Ob der Urlaub, das Weit-weg-vom-Alltag-Sein, die faszinierenden und widersprüchlichen Eindrücke als Entschuldigung ausreichen? Einen Tag nach der Rückkehr – es ist ein Sonntag – stehe ich am Sparkassenautomaten: Wie war meine Pin noch mal? 4127 oder 4721? Ich gebe 4127 ein. Der Automat meldet: »Sie haben Ihre Geheimzahl falsch eingegeben!« Ich gebe 4721 ein, wieder Widerspruch des Automaten – ob ich mich vertippt habe? Als ich das dritte Mal die vier Zahlen drücke, gibt mir der Automat zu verstehen: »Bitte wenden Sie sich an Ihren Kundenberater«, und behält die Karte ein.

Ich überlege. Ich denke nach. Ob ich vielleicht die Geheimzahl von der Kreditkarte eingegeben habe und nicht die von der EC-Karte? Die Karte ist jedenfalls erst einmal bis Montagmorgen weg. Kafkaeskes Erwachen. Ich bin zurück in Deutschland. In einem Leben der Pins, Tans und Passwörter.

Ich nehme mein Handy zur Hand, gebe wieder eine andere Pin-Nummer ein – die weiß ich immerhin noch – und bitte Freunde, mir bis Montag ein wenig Geld zu leihen: »Wohl gut erholt, was?« Anscheinend zu gut für ein Leben, das aus Persönlichen Identifikationsnummern,

Transaktionsnummern und Passwörtern – auch Losungs- oder Kennwörter genannt – besteht. Ohne Losung keine Rückkehr in den Alltag.

Ich zähle meine Passwörter und Pins. Ich komme auf stolze 20! Und täglich werden es mehr: Ohne Pin kein Geld, kein Telefon, ohne Passwort ist man ausgeschlossen aus dem eigenen Leben.

Ich habe Passwörter, Pins und Tans. Also bin ich. Sie sind das Symbol meiner Identität.

Um meinen Computer auf der Arbeit zu starten, brauche ich ein Passwort. Für das Öffnen der Pressedatenbanken auch, für die Agenturmeldungen, für Vorgänge mit der Verwaltung, für den Internetzugang. Ich habe Passwörter bei der Bahn, für mein Handy, für das Onlinebanking bei drei Instituten, für zwei Kreditkarten, für den Zugang zu Online-Fachzeitschriften, für die Lufthansa, für die Kundenkarte beim Kaufhof, für die Online-Apotheke, für die Tankkarte, für die Stadtbibliothek …

Apropos Online-Zeitschriften. Um sie lesen zu können, muss ich eine Benutzerkennung und ein Passwort eingeben. Beides wurde mir zugewiesen. Jedes Mal überlege ich: »Wie war das noch mal?«

Außerdem muss ich ständig neue Passwörter erfinden: Im Hotel verlangt der Safe ein Erkennungswort. Vor Kurzem habe ich online eine Palme gekauft – da musste ich mich als Kunde erst mit einem Passwort anmelden. Ich habe zwei Karten für die Spanische Hofreitschule gebucht. Die Lipizzaner konnte ich mir nur anschauen, wenn ich ein Passwort bei der Buchung angab. Vor etwa 25 Jahren habe ich schon einmal die hohe Schule des Reitens angeschaut. Damals brauchte man kein Passwort, um zwei Karten zu kaufen. Man ging einfach zur Kasse.

Am Montag nach meiner Rückkehr bekomme ich meine EC-Karte wieder ausgehändigt und gehe in den

Job. Dort wird mir per automatischer Mail mitgeteilt, dass mein Passwort in der Zwischenzeit abgelaufen sei. Das passiert alle 12 Wochen. Der PC meldet: »Geben Sie bitte ein neues Passwort ein. Ihr Passwort muss folgenden Regeln entsprechen: Es muss mindestens sieben Zeichen und darf nicht mehr als 32 Zeichen umfassen.«

Bisher habe ich immer meinen Vornamen mit einer Zahl kombiniert: »Sibylle1«, »Sibylle 2«, »Sibylle3« usw., weil der verfluchte Server sich die letzten sieben Passwörter merkt. Zugegeben, nicht sehr intelligent, aber meinen Vornamen vergesse ich nicht. Jetzt ist der Server aber noch intelligenter geworden: Ich muss das Passwort eingeben, und das Programm überprüft erst einmal, ob es den Sicherheitsstandards entspricht. Ich gebe meinen Vornamen ein plus eine Zahl. »Das neue Passwort ist zu offensichtlich.« Abgelehnt.

Ich würde gerne mit dem Menschen, der dahintersteckt, in einen Dialog treten. »Alles schön und gut mit Ihren Sicherheitsstandards. Aber ich kann mir komplizierte Passwörter nicht merken«, würde ich ihm sagen.

Ich weiß auch, was er mir antworten würde: »Passwörter sind vergleichbar mit Haustürschlüsseln, also Wertgegenständen, die man nicht herumliegen lassen sollte.«

»Ja, aber den Haustürschlüssel tausche ich nicht alle zwölf Wochen gegen einen neuen aus. Und hätte ich so viele Schlüssel wie Passwörter und Pins, würde ich unter dem Gewicht der Schlüssel zusammenbrechen.«

Wahrscheinlich würde er mir raten, die Schlüssel auf mehrere Bünde zu verteilen: Einen für Onlinebanking, Kreditkarten und EC-Karten mit höchster Sicherheitsstufe, einen für Kundenkarten, Stadtbibliotheken, die Deutsche Bahn mit mittlerer Sicherheitsstufe und einen für einmalige Buchungen im Internet – niedrigste Sicherheitsstufe.

Wahrscheinlich würde er mir raten, auf keinen Fall Vornamen oder Geburtstage aus der Familie zu verwenden. Sogar das Wort »Kuchen« ist unsicher, weil es im deutschen Wörterbuch zu finden ist und mit einem entsprechenden Programm, das alle deutschen Wörter abgleicht, entschlüsselt werden könnte, wahrscheinlich würde er mir raten, meine Passwörter nie und nimmer aufzuschreiben oder zu speichern, das Passwort jeden Monat zu wechseln und keinesfalls identische Passwörter zu verwenden.

Und ich? Ich würde nur noch den Kopf schütteln. Da bräuchte ich 70 verschiedene Codes … Mein Gehirn ist begrenzt. »Ihre Sicherheitsstandards in Ehren. Was nutzen sie, wenn die Menschen Ihr kleines Einmaleins der Sicherheit völlig überfordert?«

Viele schreiben sich ihre Passwörter auf oder speichern sie elektronisch – beides verboten.

Sie wählen den Namen des Kindes, des Partners oder den eigenen Vornamen – sehr unsicher.

81 Prozent wählen ein Wort, das in einem Wörterbuch verzeichnet ist – auch unsicher.

67 Prozent wechseln ihre Kennung selten oder nie – ganz schlecht.

Das heißt, die vielen Pins und Passwörter gehen an der Realität der Menschen komplett vorbei. Sicherheit hin, Sicherheit her.

Informatiker sind der Auffassung, man braucht möglichst komplizierte Passwörter, um das System und die Daten zu schützen, und ich bin der Auffassung, ich brauche möglichst einfache, um sie behalten zu können. Diese Kluft ist unüberbrückbar. Das habe ich vor einiger Zeit auch auf einer Party feststellen können.

Der Mann einer Freundin ist Systemadministrator: Er ist für die »User«, also Nutzer in seiner Firma zuständig und amüsiert sich gerne köstlich über Leute wie mich: »Das offensichtliche Kurzzeitgedächtnis von Usern, herrlich! Wenn sie morgens eine Meldung erhalten, bitte Kennwort ändern, dann tun sie das meist brav. Aber gegen Mittag rufen sie dann bei der EDV an und sagen: ›Äh, könnten Sie bitte mein Konto wieder freischalten? Das ist gesperrt, weil ich mein Kennwort mehrfach falsch eingegeben habe.‹

Dann grinse ich schon. ›Ist vielleicht die Feststelltaste aktiviert?‹, frage ich rein rhetorisch.

›Nein, ich habe heute Morgen mein Kennwort geändert und es schon wieder vergessen. Könnten Sie das bitte auch gleich zurücksetzen?‹«

Interessant, was Systemadministratoren so über uns Nutzer denken. Ich will schon Protest anmelden, aber der Experte ist nicht zu stoppen: »Ich frage mich, wie solche Menschen sich in ihrem Leben zurechtfinden, wie sie sich die Pin für ihre Bankkarte merken können. Vermutlich per Klebezettel auf der Rückseite der Karte.«

Selten so gelacht.

»Oder was machen die mit ihrem geparkten Auto? Jedes Mal die Polizei anrufen, weil sie Hilfe benötigen, um es wiederzufinden?«

Die Partygäste amüsieren sich und tun so, als könnte ihnen das nicht passieren. Ich habe genug. Systemadministratoren sind eben eine andere Spezies …

Ich sitze immer noch in meinem Büro, und der PC wartet immer noch auf die Eingabe eines neuen Passwortes. Ich tue, was er von mir verlangt, und gebe »SchönesWetter« ein. Das mag er auch nicht. Passwortstärke eins – sehr geringes Sicherheitslevel. Niemanden interessiert, ob ich mich von diesen vielen Passwörtern und Pins überfordert und terrorisiert fühle.

Ich überlege, wie mein neues Passwort aussehen

könnte, wenn ich die Tipps der Experten befolge. Sicher wäre eine Kombination aus acht Zeichen, bestehend aus Ziffern, Buchstaben und Sonderzeichen. Zum Beispiel TDG&7B9Z. So, nun noch einmal auswendig hinschreiben: TDG&???? – ich gebe auf. TDG-Dingsbums ist aus dem Rennen.

Hirnforscher empfehlen, Zahlenreihen zu wählen, die sich an starke Emotionen knüpfen. Ich habe 1985 geheiratet, und zwar in Köln. Beides verknüpft wäre dann 85KO19LN. Das wäre das Passwort für meinen Job. Beim Onlinebanking wäre es 92GS0909: die Einschulung des ersten Kindes. Bei meinem Internetzugang würde ich D19AN18 wählen – eine Kombination des Geburtsdatums meines Vaters mit dem Geburtsort meiner Mutter. Für das Handy nähme ich den Vornamen meines ersten Freundes Karl, ordnete den Buchstaben aber die Zahlen der Tastatur zu: 5275.

Sinnvoll soll es auch sein, sich einen Merksatz zu bilden, zum Beispiel ILMMUMK – ich liebe meinen Mann und meine Kinder. Und weil man das doch bestimmt leicht knacken könnte, würde ich zur Sicherheit am Anfang und am Ende noch ein Sonderzeichen hinzufügen: $ILMMUMK#.

Damit mir nicht langweilig wird, ändere ich alle vier Wochen die Passwörter. Weil sich das aber niemand merken kann, beginne ich abends Passwörter zu büffeln wie Vokabeln ... Wer da nicht irre wird, hat keinen Verstand.

Ich entscheide mich für einen Kompromiss und gebe als neues Passwort »?Kollege1« ein. Das Programm meldet »akzeptiert« und bewertet auch noch den Sicherheitslevel. Stufe drei: »Das neue Passwort entspricht den Anforderungen.« Jetzt bin ich wieder im System und darf meinen Job machen.

In meinem Postfach finde ich – schließlich war ich drei Wochen in Vietnam – 187 Spam-Mails und 224 normale E-Mails. Oh, Hilfe! Aber darüber rege ich mich jetzt nicht auf. Mails sind ein ganz eigenes Thema.

Unter den 224 Mails finde ich eine von einer Kollegin. Betreff: »In the Year 2009«. Ich öffne die Mail:

»Du weißt, dass du im Jahr 2009 lebst, wenn

1. du unabsichtlich deine Pin-Nummer in die Mikrowelle eingibst
2. du schon seit Jahren Solitär nicht mehr mit richtigen Karten gespielt hast
3. du eine Mail an deinen Kollegen schickst, der direkt neben dir sitzt
4. du den Kontakt zu Freunden verloren hast, weil sie keine E-Mail-Adresse haben
5. du nach einem langen Arbeitstag nach Hause kommst und dich mit dem Firmennamen am Telefon meldest
6. du auf deinem Telefon zu Hause die Null wählst, um ein Amt zu bekommen
7. du seit vier Jahren auf deinem Arbeitsplatz bist, allerdings für drei verschiedene Firmen
8. alle Fernsehwerbungen eine Webadresse am Bildschirmrand zeigen
10. du Panik bekommst, wenn du ohne Handy aus dem Haus gehst, und umdrehst, um es zu holen
11. du morgens aufstehst und erst mal Outlook aufmachst, bevor du Kaffee trinkst
12. du den Kopf neigst, um zu lächeln ;)
13. du diesen Text liest und grinst
14. schlimmer noch, wenn du bereits weißt, an wen du diese Mail weiterleitest
15. du zu beschäftigt bist, um festzustellen, dass in dieser Liste die 9 fehlt

16. du die Liste jetzt noch einmal durchgehst, um nachzuschauen, ob die 9 wirklich fehlt.«

Stimmt. Das ist mein Leben. Vietnam ist inzwischen weit weg. Ich bin zurück in Deutschland.

PS: Ich habe noch mal mit Experten gesprochen. Die haben mich doch ein bisschen überzeugt: Ich bin dabei, alle meine Passwörter ein wenig sicherer zu machen. Mein Lieblingspasswort höchster Sicherheitsstufe lautet: IBVPUPABI – *i*ch *b*esitze *v*iele *P*asswörter *u*nd *P*ins, *a*lso *b*in *i*ch. Das vergesse ich nie.

Früher nannte man es Fernsehen

»Gucken wir uns das Fußballspiel doch bei uns an. Dein Fernseher ist ja nicht größer als eine Briefmarke.« Nichts geht über ein offenes Wort von Freunden. Schlagartig wird mir bewusst, dass mir die soziale Ausgrenzung droht, wenn in meinem Wohnzimmer weiterhin das 15 Jahre alte Röhrengerät herumsteht, mit der zugehörigen, von unserem früheren Kaninchen zerbissenen Fernbedienung.

Meine Fernsehzukunft soll beginnen. Ich fahre mit der Rolltreppe hinauf in den ersten Stock eines großen Elektronikmarktes. Dutzende von Fernsehern, klein, größer, am größten, nehmen mich mit in das zweitgrößte Korallenriff der Welt, nach Neukaledonien: Rochen, Schildkröten, bunte Fische, Traumstrände, blauer Himmel … Schöne Fernsehwelt. Ob die Rochen in meinem Wohnzimmer auch so herrlich aussehen würden? Wohl kaum. Schließlich werden in den Fernseheinkaufswelten immer unrealistisch optimierte Filme gezeigt.

Ich bin in Köln und nicht in Neukaledonien, hier ist der Himmel nicht himmelblau, sondern grau. Es ist morgens um zehn, mitten in der Woche, es ist nicht voll.

Ferdinand Schmitz ist der Verkaufsexperte, der mich beraten will: »Was haben Sie denn für einen Anschluss? Kabelanschluss, DVB-T oder Satellit? Möchten Sie ein Gerät mit Full HD – HD ready reicht vielleicht auch –,

Plasma oder LCD? Die Geräte haben alle mehrere HDMI-Anschlüsse ...«

Ich stehe vor Ferdinand Schmitz und sage aha, oh, mhmm, jaja, weil ich nicht eingestehen will, dass mir diese Begriffe nichts, aber auch gar nichts sagen. Ich flüchte mich in eine Ausrede: »Wissen Sie, ich wollte mir nur einen ersten Überblick verschaffen. Ich komme noch mal mit meinem Mann wieder.«

Irritiert gehe ich nach Hause. Kann es so schwer sein, einen Fernseher zu kaufen? Muss ich erst einen Volkshochschulkurs besuchen, bevor ich ein TV-Gerät erwerben kann? Ich schaue ins Internet und erfahre dort, dass nicht nur ich mit dem Technik-Kauderwelsch nichts anfangen kann. Deshalb raten die Experten in den entsprechenden Foren: Man soll sich schon drei Wochen – noch einmal: drei Wochen! – Zeit nehmen, um wirklich fit zu sein für den Kauf eines Fernsehers.

Spinnen die? Ich kann doch nicht die Hälfte meines Jahresurlaubs opfern, nur um einen Fernseher zu kaufen!?

Meine Lust, ein Gerät zu erwerben, nimmt rapide ab. Es wird sowieso zu viel Fernsehen geguckt. Drei Stunden und 47 Minuten pro Tag sitzt ein Durchschnittsbürger vor der Mattscheibe, das sind immerhin drei Stunden und vierzig Minuten mehr, als man durchschnittlich mit seinem Ehepartner kommuniziert. Wenn die Leute noch länger vor der Glotze hängen, reden sie noch weniger mit ihrem Partner. Und weil sie immer weniger miteinander reden, haben sie das Gefühl, sich auseinandergelebt zu haben, und lassen sich scheiden. Das beweist: Fernseher haben einen schlechten Einfluss.

Ich werde weiter mit meinem Röhrengerät fernsehen, bis das Gerät irgendwann »puff« macht. Andererseits aber ist mein Ehrgeiz angestachelt. Du wirst es doch wohl schaffen, einen schlappen Fernseher zu kaufen, das wäre doch gelacht, meldet sich mein Ego.

Ich gehe nun doch systematisch an die Sache heran, drucke mir Artikel und Tests von der Stiftung Warentest aus, von der *Süddeutschen Zeitung*, der *Frankfurter Allgemeinen Zeitung*, von Video- und TV-Spezialmagazinen aus dem Internet, und beginne zu lesen: »Über die Schnittstelle HDMI (High Definition Multimedia Interface) werden Bild und Ton voll digital, unkomprimiert und mit einer Bandbreite von bis zu fünf Gigabit pro Sekunde an Monitor und Boxen übertragen.«

Ach so …

»HDMI basiert auf der ebenfalls digitalen Schnittstelle DVI (Digital Visual Interface), die vor allem im PC-Bereich Anwendung findet, und ist dazu abwärtskompatibel, jedoch mit Einschränkungen.«

Was heißt denn »mit Einschränkungen«?

»Ebenso unterstützt HDMI 1.3 die verlustfreien komprimierten Audioformate Dolby true HD und DTS-HD Master Audio.«

»Dolby true« – das klingt so ehrlich.

Ich habe jedes Wort gelesen und nichts verstanden. Die könnten auch chinesische Schriftzeichen hinschreiben. Ich hole mir Hilfe. Ein Freund erklärt mir die High-Definition-Fernsehwelt und begleitet mich bei meinem zweiten Anlauf in meine Fernsehzukunft.

Rolltreppe hoch. Erster Stock. Dieses Mal läuft auf den Dutzenden von Fernsehschirmen die Telenovela »Reich und schön«. Ein harter Kampf zwischen zwei Familien, der auch nach mehr als 4000 Folgen noch spannend sein soll. Thorne und Carla küssen sich gerade – auf etwa 50 Flachbildschirmen.

Der Verkäufer Ferdinand Schmitz ist dieses Mal nicht in Sicht. Dafür Ahmet Kirgül.

»Ich möchte gerne einen Fernseher kaufen. Können Sie mich beraten?«

Er kann. »Haben Sie Kabel, Satellit oder DVB-T?«

Stolz sage ich: »DVB-T.«

»Manche Geräte haben den DVB-T-Empfänger schon eingebaut. Sie benötigen dann kein Zusatzgerät mehr.«

Das klingt gut. Ich habe schon ein Auswahlkriterium gefunden. Dieses integrierte DBV-T muss das Gerät haben, weil ich dann ein anderes loswerde. Ich denke praktisch.

»Wie steht es mit der Bildqualität?«, fragt mein Freund.

»Die Geräte im oberen Preissegment sind alle HD-tauglich«, antwortet Ahmet Kirgül. »Nehmen Sie auf jeden Fall Full HD – das verändert Ihr Leben.«

»Aha«, sage ich wohlinformiert. »Aber in HD wird doch noch gar nicht ausgestrahlt. Wie soll eine Technik mein Leben verändern, die es noch gar nicht gibt?« Ein bisschen stolz bin ich schon auf mein angelesenes Wissen.

»Stimmt, Sie haben noch normales Fernsehen.« Kirgül und ich – wir reden auf Augenhöhe.

»Wofür brauche ich dann HD?«

»Weil es bald kommen wird. Deshalb sollte der Flachbildschirm HD wiedergeben können. Und diese Geräte hier können es alle wiedergeben. In zwei Jahren spätestens ist HD da. Dafür sollten Sie gewappnet sein.«

Eine Technik zu erwerben, in der noch gar nicht gesendet wird, das kommt mir vor, als würde ich ein Auto kaufen, das mit Wasserstoff fahren kann. Aber der Wasserstoff, der kommt erst in ein paar Jahren auf den Markt. »Das heißt, erst in zwei Jahren wird mein Leben verändert – hoffentlich funktioniert dann das Gerät noch.«

Den Scherz hat mein Verkäufer nicht verstanden.

Wir stehen inzwischen vor Flachbildschirmen des höheren Preissegments. Mit Ferdinand Schmitz, seinem Kollegen, bin ich so weit gar nicht vorgedrungen. Mein Freund und Experte schaut sich derweil kritisch die Bilder an. Es läuft immer noch »Reich und schön«. Die Schönheiten der Modefirma SpectraFashion aus Los Angeles laufen gerade über den Catwalk. Ich stolziere über den Fernsehwalk.

»Schauen Sie«, Ahmet Kirgül kennt sich aus, »diese neue Generation von Fernsehern, die hat ein so intensives Schwarz. Sie sehen ein Schwarz, wie Sie es noch nie gesehen haben, nicht wahr?«

Drei Erwachsene stehen vor dem Fernseher und versuchen zu ergründen, wie schwarz schwarz sein kann. »Der ist aber schwärzer als dieser hier«, sagt mein Freund.

»Ja, stimmt, etwas schwärzer ist er schon«, ergänze ich.

Jede Nuance mehr an Schwarz soll gut sein, weil die Schwarzintensität ein Hinweis auf die Kontrastqualität gibt.

»Habe ich zu Hause auch so ein Schwarz?«

Kirgül nickt. Ich bin beruhigt. Kann man schwarz eigentlich steigern? Egal, technisch soll es schwärzer sein.

»Scharf sind die Bilder nicht, oder?«, mäkelt mein Freund.

»Doch, die sind scharf«, meint Kirgül. »Wenn das für Sie nicht scharf ist, dann weiß ich nicht, was Sie als scharf empfinden.«

Ich betrachte den Fernseher erneut. Erst geht es um schwarz und schwärzer, jetzt geht es um scharf und schärfer.

Full HD, Pixel Plus 3 HD, HD Natural Motion, Dynamic Contrast Ratio hin oder her, die gefühlte Qualität scheint etwas anders zu sein als die technische. Das ist wie beim Wetter. Es ist zehn Grad plus, aber gefühlt werden minus vier.

Ich entscheide mich gerade, das Bild scharf zu finden, da räumt Kirgül ein: »Na gut, manche Geräte sind nicht optimal eingestellt, die laufen hier ja alle analog. Aber Sie haben digitalen Empfang, bei Ihnen zu Hause sind die Bilder viel schärfer als hier.«

Ich denke, ich höre nicht richtig. »Das heißt, die Bilder, die ich hier sehe, sind gar nicht vergleichbar mit denen, die ich zu Hause sehen werde. Wie soll ich denn als Kunde entscheiden, welcher Fernseher etwas taugt, wenn Sie die Geräte nicht optimal einstellen?«

»Das wäre ja viel zu zeitraubend, alle Fernseher hier auf einen optimalen Empfang einzustellen. Hier macht das zu viel Arbeit, aber bei Ihnen zu Hause geht das wie von selbst. Nur Stecker in die Dose – fertig.«

Ich weiß, dass er lügt. Nie ist das so einfach. Niemals. Außerdem habe ich in meinen klugen Artikeln genau das Umgekehrte gelesen. Zu Hause habe man Probleme, die gleiche Bildqualität zu erreichen, wie sie einem im Geschäft vorgeführt wird. Das Verkaufsgespräch kommt mir plötzlich wie Kabarett vor.

Die beiden Männer debattieren inzwischen über die HDMI-Anschlüsse. »Haben Sie einen DVD-Player?« Die Frage geht an mich.

»Ja, sogar einen Rekorder«, brüste ich mich.

»Den können Sie problemlos anschließen.«

Soll ich Ahmet Kirgül sagen, dass ich den DVD-Rekorder nur benutzen kann, wenn meine Tochter in der Nähe ist. Wenn ich sie bitte, den Rekorder einzustellen, dann sagt sie immer: »Ach, Mama!«

Er ist schon bei den nächsten Anschlüssen. »Sie können auch Ihren PC, Ihr Handy oder Ihre Digitalkamera anschließen. Dann sehen Sie die Bilder aus Ihrem letzten Urlaub in einer Topqualität.«

Ich erinnere mich an unser kleines Treffen im Verlag. Wie war das noch? Da wollten sie die Digitalkamera an die USB-Schnittstelle anschließen … Zwei Stunden haben sie da gesessen und es nicht geschafft, die Bilder auf den Bildschirm zu bringen, und stattdessen vom guten alten Diaprojektor geträumt.

»Sie können gut und gerne sieben Geräte anschließen«, meint Herr Kirgül.

»Nein, das kann mich nicht locken. Ich will mit dem Fernseher weder Sahne schlagen noch Rasen mähen«, wende ich ein.

»Das kann der doch auch gar nicht, Rasen mähen und so.« Kirgül schaut mich ungläubig an. Meinen Humor versteht er nicht.

Ich versuche meine Botschaft noch einmal anders an den Mann zu bringen: »Wissen Sie, ich will mit dem Fernseher eigentlich nur fernsehen.« Ich merke, dieser ganze Schnickschnack, dieses technische Geschwafel macht mich aggressiv. Ich reagiere darauf trotzig, gebe mich jetzt viel doofer und technikfeindlicher, als ich eigentlich bin. »Kennen Sie«, belehre ich jetzt Ahmet Kirgül, »Jong Woo Park, den Digital-Media-Chef von Samsung?«

Er schüttelt den Kopf.

»Der hat vor Kurzem auf der Internationalen Funkausstellung gesagt, er habe zu Hause eine komplette Ausstattung mit Fernseher, Blue-ray-Player und Soundsystem. Aber seine Frau sei nicht in der Lage, den Fernseher einzuschalten. Ha, die Ehefrau des Samsung-Chefs! Wenn die das nicht schafft, dann stellt sich schon die Frage: Was soll eigentlich der ganze Quatsch?«

Er lacht verlegen, gibt mir aber einen klugen Rat:

»Wissen Sie, wenn Sie einen neuen Fernseher brauchen, dann nehmen Sie einfach ein Gerät in einer Topqualität, das Ihnen gefällt. Dann wird das schon hinhauen mit dem Fernsehen.«

Ich vermute, Ahmet Kirgül hat aufgegeben. Er sieht mich als hoffnungslosen Fall. Aber sein Tipp gefällt mir. Letzten Endes ist der Fernsehkauf nicht anders als eine Bauchentscheidung, denn wenn ich begreifen wollte, was hinter den ganzen Begriffen von Blue-ray bis »1000 Hz clear LCD« steckt, müsste ich fünf Jahre Elektrotechnik studieren.

Ahmet Kirgül nimmt einen letzten Anlauf: »Schauen Sie, dieses Gerät hier hat sogar Ambilight.«

»Ambiwas?«

»Das ist eine Hintergrundbeleuchtung.« Er geht zu dem Gerät und zeigt mir, dass die Hauptfarbe des jeweiligen Bildes aus der Telenova hinter dem Fernseher als indirekte Beleuchtung wiedergeben wird. Also noch »reicher« und noch »schöner«. So grün wie der gerade gezeigte Golfplatz ist nun auch die unaufdringliche Hintergrundbeleuchtung. Sie soll für ein entspannteres Fernsehen sorgen und die subjektiv wahrgenommenen Bildkontraste und Farben verbessern.

Diese Technik begreife ich sofort, vielmehr, ich *sehe* sie. Das Gerät gefällt mir. Ein toller Fernseher, sagt mein Freund. Wir nähern uns einer Entscheidung. Ich wende mich an Ahmet Kirgül: »Kann ich nicht ein einfacheres Gerät mit Ambilight bekommen? Technisch ist alles für mich viel zu komplex.«

Er schüttelt den Kopf. Weniger geht nicht.

Also nehme ich das Gerät der jüngsten Fernsehgeneration, auch wenn ich jetzt schon weiß, dass viele technische Möglichkeiten für mich böhmische Dörfer bleiben werden. Aber das ist ja nichts Neues. Das ist wie beim Handy. 80 Prozent der Nutzer nutzen nur 20 Prozent der Funktionen. Die 20 Prozent Durchblicker sind wahrscheinlich die technischen Entwickler selbst und die Verkäufer in den Elektrogroßmärkten.

Ich kaufe das Gerät für 1399 Euro und verabschiede mich von Herrn Kirgül.

Als ich zu Hause den Fernseher auspacke, lese ich auf einem Klebestreifen, was er alles kann: »Pixel Plus 3 HD, 3D-Kammfilter, Active Control + Lichtsensor, Color Transient Improvement, Digitale Rauschminderung (DMN), Luminance Transient Improver, Full HD, HD Natural Motion, Ambilight, Virtual Dolby Digital, Perfect contrast 30 000 : 1, 4 × homi EasyLink, Full HD 1080p, 1000 Hz clear LCD, DVB-T digital«.

Ich reiße den Klebestreifen ab und werfe ihn in den Müll. Ich will das gar nicht wissen. Hauptsache, ich habe Bild und Ton und Ambilight.

»Verzaubern Sie Ihre Sinne mit brillanter Bildqualität«, stand auch auf dem Klebestreifen. Oder noch besser: »breathtaking perfect pictures«.

Atemberaubend. Ich atme tief ein: Ich habe es geschafft. Ich bin nach drei Wochen Lektüre von Fachliteratur und zwei Verkaufsgesprächen stolze Besitzerin eines neuen Fernsehers.

Alles ganz normal – das Zeitalter der Überforderung

Jeder verzweifelt für sich allein. An der Packstation, im Parkhaus, oder an Pins und Tans. Doch wir sind gar nicht allein. Millionen andere um uns herum verzweifeln ebenso. An Webcrawlern, Workflows und Websites ... Wir stöhnen und ächzen, die galoppierende Spezialisierung überfordert jeden von uns. Wir haben das Gefühl, nicht mehr mitzukommen. Wir erleben dieses Nicht-mehr-Mitkommen als unser persönliches Scheitern, dabei ist es ein gesellschaftliches Phänomen unserer Zeit:

Bei Politikern wie Bill Clinton, aber auch bei Informatikern, Psychologen, Soziologen und Futurologen findet man Trost. Sie alle haben Erklärungen parat, die uns unseren komplexen Alltag und die Unübersichtlichkeit, unter der wir leiden, verstehen lassen. Aber der Reihe nach.

Beginnen wir mit dem Informatiker Gordon Moore. Er ist Physiker und einer der Mitbegründer des Halbleiterherstellers Intel. Moore sagte bereits 1965 voraus, dass sich die Rechenleistung und Speicherkapazität von Computern jedes Jahr verdoppeln; später ging er von einer Verdoppelung alle zwei Jahre aus. Diese Faustregel ging in die Geschichte der Informatik als das Moore'sche Gesetz ein. Heute spricht man wieder davon, dass sich die Rechenleistung eines PC, die man für 1000 Dollar erwerben kann, jedes Jahr verzweifacht. Also doppelt so viel Computergehirn für denselben Preis.

Moore hatte also recht, allerdings geht der Fortschritt noch schneller voran, als vom ihm vorausgesagt. Was hat das mit unserem Alltag und den ständig wachsenden Anforderungen zu tun?

Das Computergehirn wächst und wächst und wächst – und das menschliche Gehirn? Zukunftsforscher haben das Moore'sche Gesetz weiterentwickelt. Der Amerikaner Raymond Kurzweil ist einer von ihnen. Für ihn hat das Gesetz, das Moore für das Spezialgebiet der Informatik aufstellte, generelle Gültigkeit. Dem rasanten Fortschritt in der Medizin, in den Ingenieur- und Naturwissenschaften steht eine konstant bleibende Leistungsfähigkeit des menschlichen Geistes gegenüber.

Aus viel Information wird also noch mehr Information. Jeden Tag wird die Menge größer, die wir zu bewältigen haben. Allein zwischen 1999 und 2002 ist beispielsweise die Menge der auf dem Papier gespeicherten Informationen um 36 Prozent angestiegen. Je schneller die technische Entwicklung verläuft, desto größere Schwierigkeiten macht es uns, hinterherzukommen. Es besteht also ein enormes Ungleichgewicht zwischen dem immer rasanter ablaufenden Fortschritt und unserer geistigen Leistungsfähigkeit.

Das heißt: Die Überforderung ist kein bloß gefühltes Phänomen, sondern das Ergebnis eines mathematischen Gesetzes. Wie tröstlich!

Gruselig wird es, wenn man den Überlegungen der Futurologen bis zum Ende folgt – einem Ereignis, das sie die technische Singularität nennen. Raymond Kurzweil glaubt, dass irgendwann die Rechenleistung eines Computers größer sein wird als die des menschlichen Gehirns. Und das hieße dann: Die künstliche Intelligenz übernimmt das Ruder, der Mensch versteht die Welt nicht mehr.

Zugegeben, manchmal verstehen wir die Welt schon heute nicht mehr, aber noch haben wir Menschen das Sagen.

Die Theorie der Zukunftsforscher hilft die täglichen Belastungen im Privaten einzuordnen: Egal, ob man mit einem mobilen Einkaufsassistenten im Supermarkt unterwegs ist, einen Ticketautomaten im Parkhaus bedient, einen Fernseher kauft, egal, ob man Passwörter eingibt oder im Internet einkauft – alle diese Aufgaben, die wir zu lösen haben, sind Folgen der technischen Entwicklung der letzten Jahre. Damit müssen wir täglich fertigwerden – oder es gelingt uns eben nicht. Alles ganz normal im Zeitalter der Überforderung.

Trost findet man aber auch bei den Psychologen. Ihre Forschungen haben ergeben: Der Mensch verfügt über begrenzte Gehirnkapazitäten. Er kann beispielsweise nicht mehr als zwei Prozent der ihm zur Verfügung stehenden Informationen wirklich wahrnehmen und verarbeiten. Das bedeutet: Von den Inhalten dieses Buches werden Sie höchstens vier Seiten behalten. Der Rest ist für das Gehirn Müll. Schade eigentlich.

Unser Gehirn beziehungsweise unser Gedächtnis ist eben kein Speicherplatz wie eine Festplatte, auf der man einfach alles ablegen kann. Das Gehirn filtert, es fasst zusammen, ordnet ein. Das Kurzzeitgedächtnis beispielsweise ist knapp bemessen: Sieben – das ist die magische Zahl. Sieben Zahlen, sieben Silben, sieben Buchstaben – mehr kann man sich kurzfristig nicht merken. Herausgefunden hat das der Psychologe Hermann Ebbinghaus. Er gilt als Pionier der Gedächtnisforschung. Ebbinghaus testete schon 1885 die Grenzen des Kurzzeitgedächtnisses. Er versuchte Buchstabenkombinationen zu behalten, die keinen Sinn machen. Er schaute sich beispielsweise die Silben JIH BAZ FUB SUJ LEK kurz an und wollte sie dann aus dem Gedächtnis wiederholen. Das Ergebnis war kläglich. Wenn er hingegen wusste, dass hinter HEU IST DAS WET SCHÖ »heute ist das Wetter schön« steckt, konnte er die fünf Silben problemlos wiederholen.

Donald Norman, amerikanischer Kognitionswissenschaftler und Informatiker, fordert, sich die Funktionsweise des Gehirns im Alltag zunutze zu machen: Das Langzeitgedächtnis ist eher bereit, neue Informationen abzuspeichern, wenn sie gut in das bestehende Bezugssystem integriert werden können. Der Systemadministrator, der auf der Party über das Kurzzeitgedächtnis der User lästerte, war komplett auf der falschen Fährte. Das Kurzzeitgedächtnis hat gar nicht die Aufgabe, über Stunden den Platz des Autos in der Garage oder die Pin-Nummer abzuspeichern. Nur wenn diese Informationen sinnvoll in das Langzeitzeitgedächtnis überführt werden, sind sie später noch abrufbar.

Je weniger Verbindungen neue Informationen zu dem Wissen haben, das bereits im Kopf existiert, desto eher scheitern wir dabei, sie zu behalten. Unser Gehirn weigert sich einfach, einen solchen Schwachsinn wie »%Kv(7$6K« als Passwort abzuspeichern, auch wenn es aus Sicherheitsgründen das Beste wäre. Nicht anders geht es ihm, wenn es beim Kauf eines Fernsehers mit »Perfect contrast 30 000 : 1, 4 × homi EasyLink, Full HD 1080p, 1000 Hz clear LCD« konfrontiert wird. Es erkennt keinen sinnvollen Bezug zum eigenen Wissen und den eigenen Erfahrungen.

Andersherum: Das Gehirn lässt uns nicht im Stich, wenn es ein solches Passwort, die Nummer eines Parkplatzes oder eine Postleitzahl nicht speichert, sondern es schützt uns vor unsinnigem Ballast. Wir sollten also unser Gehirn loben und nicht an ihm zweifeln, wenn es sich anders verhält als ein Computer.

Wichtig ist es, dem Gehirn Gedächtnisstützen zu bauen. Dann funktioniert es fehlerlos. Diese Gedächtnisstützen bezeichnen Wahrnehmungspsychologen als Gestaltgesetze. Die räumliche Nähe, die Ähnlichkeit, die Prägnanz, die Erfahrung, die Symmetrie, die Geschlossenheit von Informationen sind Eigenschaften, die unserem Gehirn die Zuordnung erleichtern. Informationen, die einander symmetrisch zugeordnet sind, werden besser wahrgenommen als solche, die ohne Struktur im Raum stehen.

Wenn z. B. in Formularen der Familienstand abgefragt wird, sollten die Rubriken »verheiratet«, »verwitwet«, »geschieden« in räumlicher Nähe zueinander angeordnet werden.

Wann werden im Krankenhaus die Mahlzeiten serviert? Um 7 Uhr (Frühstück), um 12 Uhr (Mittagessen) und um 5 Uhr (Abendessen). So merken sich Mediziner die Anzahl der Wirbelkörper: 7 am Hals, 12 im Brustbereich und 5 in der Lende.

Unser Gehirn versucht ständig, bekannte Bilder oder Zusammenhänge mit den neuen Informationen in Zusammenhang zu bringen.

Die Erfahrung lehrt uns, dass die Lautstärke zunimmt, dass Wasser stärker fließt oder das Licht heller wird, wenn ich einen Knopf oder einen Hebel von links nach rechts drehe. Wird bei der Gestaltung neuer Produkte dieses Erfahrungswissen nicht berücksichtigt, sind Irritationen unausweichlich.

Einen langen Zahlencode kann man sich besser merken, wenn man die Ziffern in Gruppen aufteilt. 19335073497 – diese elf Zahlen behält man nie, denkt man. Doch wenn man sich merkt, dass »1933« für das Jahr der Machtergreifung Hitlers steht, »50734« die Postleitzahl eines Kölner Stadtteils und »97« die Hausnummer einer Freundin ist, dann sind die Zahlen abgespeichert.

Man kann also den Anforderungen, die das technische Zeitalter an uns stellt, besser entsprechen und sich gleichzeitig seinen Alltag etwas leichter machen, wenn einem diese Zusammenhänge bewusst sind.

Aber selbst wenn wir solche Tipps beherzigen, ändert das nichts daran, dass wir so oft den Eindruck haben, der Berg an Arbeit und Aufgaben, der zu erledigen ist, sei gar nicht abzutragen. Onlinebanking und gleichzeitig Kaffee kochen, telefonieren und gleichzeitig Autofahren, Fahrkarten buchen und in der Wartezeit E-Mails checken, Kinder vom Kindergarten abholen und auf dem Rückweg einkaufen – Psychologen nennen das Taskswitching. Immer häufiger versuchen wir, drei Aufgaben gleichzeitig zu lösen, und sind frustriert, wenn uns dabei Fehler unterlaufen oder wir eine andere Aufgabe darüber vergessen.

Untersuchungen an wohlgemerkt jungen Erwachsenen zeigen deutlich, dass dieses Multitasking viel zu viel Zeit und Kraft kostet. Das Gehirn kann nicht gut hin und her switchen, als wäre es ein Lichtschalter. Es muss immer Informationen abspeichern, neue Informationen aufrufen, verschiedene neuronale Regionen im Gehirn in Gang setzen. Egal, ob man sich etwas merken, denken oder handeln möchte, switchen bedeutet Stress für das Gehirn und Stress für uns.

Noch schlimmer wird es, wenn wir die verschiedenen Aufgaben nicht oder nur teilweise erledigt bekommen. Dann lässt unser Gehirn uns nicht mehr in Ruhe. Es meldet sich der sogenannte Zeigarnik-Effekt. Dieser Effekt, benannt nach einer russischen Psychologin, besagt, dass unerledigte Aufgaben einen starken Druck erzeugen. Sie bleiben besser im Gedächtnis haften als erledigte Aufgaben.

Sie verfolgen uns nachts im Schlaf, unter der Dusche, auf dem Weg ins Büro – so lange, bis man sie erledigt hat.

Wenn das Leben also nicht nur aus einer Baustelle, sondern aus ganz vielen besteht, dann hat die Psyche ein Problem. Dann sinken wir am Abend ermattet auf der Couch zusammen, weil wir wieder 1001 Jobs zu erledigen hatten.

Sogar Einkaufen hat sich zu einer hochkomplexen Freizeitbeschäftigung entwickelt. Früher gab es vielleicht zwei, drei verschiedene Geschmacksrichtungen eines Zahnpastaherstellers. Heute steht man in einem normal sortierten Supermarkt vor Medicweiß, Complete Impression mit Fruit Explosion oder Exotic Energy, vor der Kräutervariante oder der sensitiven …

Einen Staubsaugerbeutel zu erwerben, erweist sich als Wissenschaft, weil es für 20000 Staubsaugertypen von rund 600 Herstellern ein Vielfaches an unterschiedlichen Beuteln gibt. Von A07 bis R22, als Ein-, Zwei- oder Dreilagenbeutel mit oder ohne Mikrofilter …

Innovationen werden zum Paradox: Statt unser Leben zu vereinfachen, machen sie es komplizierter und schwerer. Untersuchungen zeigen, dass sich die Anzahl von Produktvarianten innerhalb von zehn Jahren um bis zu 420 Prozent erhöht hat, während die Produktlebenszyklen um 80 Prozent geschrumpft sind. Immer schneller dreht sich unsere (Alltags-)Welt.

Wissenschaftler wie Gianfranco Wlash von der Universität Koblenz fassen diese Entwicklung unter dem Begriff des »confused consumer«, des verwirrten Konsumenten, zusammen. Die Kunden fühlen sich von fünfzig verschiedenen engen, weiten, Hüft-, Taillen-, stonewashed, natural Jeans erschlagen, wenn sie nur eine Jeans kaufen wollen. Sie können sich nicht entscheiden, ob sie nun diese oder jene Hautcreme kaufen sollen, weil sie die Produktinformationen nicht deuten können. Pflegelipide? Zellaktive Folsäure? Anti-Gravity Firming Lift Cream? Die Kunden werden mit unzähligen Varianten konfrontiert, fühlen sich überfordert und gehen unverrichteter Dinge wieder nach Hause.

Diese Komplexität wird zu einem Kaufhemmnis. Für den amerikanischen Psychologieprofessor Barry Schwartz lösen immer größere Wahlmöglichkeiten keine Probleme, sondern sie schaffen neue. Zu viel Auswahl zu haben, empfindet der Mensch als Belastung. Unser Gehirn fängt an zu rotieren; wir fühlen uns überfordert und gestresst. Das ist ganz normal.

Die Psychologen sorgen also für Durchblick. Unser Alltag wird plötzlich erklärlich, unsere Reaktionen verständlich. Es beruhigt, wenn man die Wirkungsweise des Gehirns versteht, aber die objektiv vorhandene Komplexität und Intransparenz unseres Lebens löst sich damit nicht in Luft auf. Warum zum Teufel haben wir den Eindruck, die Zeit, in der wir etwas tun und erledigen müssen, nehme beständig zu, während gleichzeitig die Ruhe- und Erholungsphasen stetig weniger zu werden scheinen?

Soziologen – Tröster Nummer drei – haben sich mit diesem Phänomen beschäftigt. Günther Voss, Industriesoziologe an der Universität Chemnitz, ist einer von ihnen. Er sieht unsere Gesellschaft an einem historischen Wendepunkt: Die klaren Grenzen zwischen Arbeits- und privatem Leben, die sich mit der Industrialisierung Ende des 19. Jahrhunderts herausgebildet hatten, verschwimmen heute immer mehr, die Bereiche überlappen sich. Der Mensch des 21. Jahrhunderts – so Voss – arbeitet am Wochenende genauso wie abends, und wenn er zu Hause ist, checkt er noch seine beruflichen Mails. Jeder hat ein Handy und ist überall erreichbar. Es ist immer an, nicht einmal nachts wird es ausgeschaltet. Das Handy abends bewusst auszumachen, wäre ein erster Schritt, sich der allgegenwärtigen Verfügbarkeit zu entziehen.

Aber nicht nur die Arbeit dringt immer mehr in die Privatsphäre ein, auch die Industrie nutzt den Kunden immer stärker als unbezahlten Mitarbeiter. Das geht sogar so weit, dass unausgereifte Produkte auf den Markt geworfen werden, in der Erwartung, dass Technikversessene, die alles Neue gerne auch zu einem hohen Preis kaufen, wichtige Verbesserungsvorschläge umsonst liefern. Die Industrie will so Personalkosten sparen, die Produktivität steigern, Effizienzreserven heben. Die Dummen sind wir.

Auch der Staat macht fleißig mit. Egal ob Steuererklärung oder Krankenversicherung – »Eigenverantwortung« heißt das neue Stichwort. Hinter dem positiv besetzten Begriff steckt nichts anders, als Aufgaben auf den Bürger, Kunden, Verbraucher zu übertragen und die Zahl der Arbeitskräfte zu verringern. Mit dem Computerprogramm »Elster« – das klingt so nett – schickt man die Steuererklärung an das Finanzamt, nachdem man sich vierzehn Tage durch ein Programm gequält hat, das man nicht versteht, das aber abgearbeitet werden muss.

Wer den Anbieter in der Krankenversicherung wechseln will, muss sich einen Weg zwischen integrierten Versorgungsprogrammen, mit oder ohne Selbstbeteilung, Kostenerstattung und Zusatzleistungen bahnen. Unser Leben ähnelt einem Fast-Food-Restaurant, in dem die Kunden alles selbst machen. Der Soziologe George Ritzer nennt das die »McDonaldisierung« unserer Gesellschaft.

Glücklich kann sich schätzen, wer Abitur oder Hochschulabschluss besitzt, wer ein geregeltes Einkommen hat, wer männlich ist und vielleicht noch über einen Sohn oder eine Tochter jüngeren Alters verfügt, die ihn an diesem Fortschritt teilhaben lässt.

Solche glücklichen Menschen werden zwar genauso wie jeder andere fluchen, bis sie es schaffen, die neuen »Features« eines Flachbildfernsehers zu verstehen oder Fotoabzüge von der Digitalkamera bei einer Drogeriekette zu bestellen, auch wenn der Automat zum sechsten Mal sie dazu auffordert, »Benutzernamen und Passwort« einzugeben. Aber irgendwann schaffen sie es! Aufgrund ihrer Bildung, ihres Einkommens oder ihrer Kinder stehen sie nicht im Abseits.

Doch was ist mit den anderen?

Nun endlich hat Bill Clinton seinen Auftritt, der zu Beginn dieses Kapitels angekündigt wurde. Er soll bereits Mitte der Neunzigerjahre den Begriff des »digital gap« in Umlauf gebracht haben, also von der digitalen Lücke, der digitalen Spaltung gesprochen haben. Clinton war bewusst geworden, dass die Chancen zur Teilhabe in einer Informationsgesellschaft entscheidend davon abhängen, ob man auf die neuen Technologien Zugriff hat und sie beherrscht.

Recht hat er. Der Weg ins Netz steht und fällt mit der Bildung. Unter den Nichtsurfern haben 69 Prozent keine abgeschlossene Lehre. Menschen, die nicht online gehen – so hat eine Umfrage von Infratest dimap ergeben –, sind zu 78 Prozent über 50 Jahre alt, lediglich sieben Prozent von ihnen haben Abitur oder ein abgeschlossenes Studium. Andersherum: Ältere, nicht berufstätige Frauen mit geringem Einkommen und Volksschulabschluss sind zu 91 Prozent nicht ans Internet angeschlossen.

Jugendliche, von denen man eigentlich erwartet, dass sie in IT-Belangen auf der Höhe der Zeit sind, verbringen zwar viel Zeit im Internet und mit Spielen, aber je niedriger ihre Schulabschlüsse sind, desto geringer ist in der Regel auch das grundlegende Verständnis von

Rechner und Software. Seine Umwelt mit einem Handy und einer Vielzahl von Klingeltönen zu nerven, bedeutet nicht automatisch, den IT-Durchblick zu haben.

Dass 80 Prozent der Senioren in Deutschland keinen PC mit Internetanschluss haben, wundert wenig. Bedauerlich ist es trotzdem, denn gerade sie könnten vom Internet besonders profitieren. Nicht nur, weil das Internet ihnen eine Menge Lauferei ersparen könnte, sondern auch, weil »offline« leben deutlich teurer ist. Der Weg zu Angeboten wie der kostenlosen Telefonauskunft im Web bleibt ihnen genauso versperrt wie die Möglichkeiten des Preisvergleichs.

Zu geringe Bildung, zu wenig Einkommen – die digitale Spaltung der Gesellschaft ist heute keine Schreckensvision mehr, sondern Realität. Es jedem selbst zu überlassen, ob und wie er Zugang zu moderner Informationstechnologie findet, ist falsch. Zu Beginn des IT-Zeitalters gab es in allen Unternehmen Schulungskurse in Word oder MS DOS, heute setzt man entsprechendes Wissen einfach voraus. Das vergrößert den »digital gap«.

Wenn man akzeptiert, dass moderne Informationstechnologien heute zum Alltag gehören wie das Salz in die Suppe, dann muss man die Menschen alltagstauglich machen. Wir alle brauchen Anleitung, um uns zurechtzufinden. Für Kinder, aber auch für alte Menschen, Frauen, Menschen mit geringer Bildung und geringem Einkommen ist das unabdingbar, wenn sie nicht ins digitale Abseits geraten sollen.

Ein Zuviel an Information – die Erkenntnisse der Psychologen können uns trösten, dass unser Gehirn und unsere Psyche gesund reagieren, wenn sie sich verweigern und nur einen Bruchteil dessen abspeichern, was wir ihnen zumuten. Wir können uns diese Prozesse, die sich im

Gehirn abspielen, bewusst machen und in unserem Alltag darauf Rücksicht nehmen. Beispielsweise, indem wir die Menge der Informationen, mit denen wir uns auseinandersetzen, begrenzen und Gedächtnisstützen nutzen. Wir sollten uns weigern, Aufgaben parallel zu erledigen, und sie vielmehr eine nach der anderen abarbeiten.

Zu viele Wahlmöglichkeiten – es kann hilfreich sein, die Zahl der Wahlmöglichkeiten einfach zu begrenzen. Wir legen uns von vorneherein auf eine Zahnpasta fest und kaufen diese blind. Oder man schränkt von vorneherein die Zahl der Geschäfte ein, die man aufsucht, um beispielsweise eine neue Hose zu kaufen. Das Gefühl, überfordert zu sein, schwindet.

Zu viele Jobs – Soziologen können uns erklären, dass die moderne Informationsgesellschaft unseren Alltag neu definiert und uns infolgedessen ständig neue Jobs auferlegt. Ganz wird man sich diesem Trend nicht verschließen können, wenn man nicht im Abseits stehen will, aber alles muss man auch nicht mitmachen: Noch gibt es Bäckereien statt Backfactorys, noch kann man der Post mitteilen, Pakete nicht selbst an der Packstation abholen zu wollen, noch gibt es keinen Zwang, Selbstbedienungskassen zu nutzen.

Das alles ändert aber nichts daran, dass die Veränderungen und Überforderungen, die in den letzten Jahren unseren Alltag erobert haben, uns so manches Mal an die Grenzen unserer Belastbarkeit bringen. Bis jetzt wird diese Zunahme der Anforderungen und Aufgaben, denen wir uns ununterbrochen zu stellen haben, politisch nicht wahrgenommen. Bis jetzt gibt es keinen Ansprechpartner, keine Debatte über die Sorgen des Alltags. Jeder kämpft und leidet für sich allein.

Umso wichtiger ist es, diese dramatischen Änderungen, die sich in der privaten Sphäre in den letzten Jahren vollzogen haben, deutlich zu formulieren. Wir sollten nicht nur von der Politik, sondern auch von Unternehmen einfordern, in einen Dialog mit den Bürgern, Kunden, Verbrauchern zu treten, um deren Bedürfnisse und Wünsche zu erfahren und in die künftige Gestaltung von Abläufen, Prozessen und Produkten mit einzubeziehen

Denn nicht einer allein, sondern Millionen verzweifeln an der Überforderung unseres Zeitalters.

Die Physik eines Durchlauferhitzers

Was haben die Raumfähre Challenger und ein Durchlauferhitzer gemeinsam? Nicht, dass ich wirklich eine Antwort auf diese Frage gesucht hätte, sie ergab sich von alleine durch eine aufgezwungene sechswöchige Basisrecherche.

Das Unglück beginnt eine Woche vor Weihnachten. Ich stehe unter der Dusche, drehe den Hahn auf, und es kommt nur kaltes Wasser. Die Laune ist entsprechend. Da höre ich in dem Durchlauferhitzer ein eigentümliches Klacken. Auch ohne Ausbildung zum Elektronikfachmann ist mir klar: Da stimmt etwas nicht.

Ich rufe einen Installateur an und höre seinen Anrufbeantworter: »Wir sind unterwegs. Bitte hinterlassen Sie eine Nachricht.« MitarbeiterInnen im Büro – das war einmal! Ich spreche mein Anliegen auf Band. Nachdem ich das dreimal getan habe, meldet sich der Fachmann, hört sich mein Problem an – »vielleicht verkalkt« – und kommt vorbei. Er schraubt die Verkleidung ab, werkelt hier und da, ist nach einer Viertelstunde fertig und macht mir Hoffnung: »Vielleicht geht es gut. Wenn nicht, benötigen Sie wohl ein neues Gerät.«

Es geht nicht gut.

Weihnachten ist kaltes Duschen angesagt. Bis in die erste Januarwoche bleiben meine Meldungen von der Warmwasserfront auf dem Anrufbeantworter des Installateurs ungehört. Dann erklärt er mir: »Ich weiß vor

Arbeit nicht ein noch aus« – die Krise hat die Handwerkerzunft noch nicht erreicht. »Rufen Sie am besten einen Elektriker an. Das ist eigentlich dessen Ding.«

Bis zu dieser Auskunft habe ich bereits drei Wochen kalt geduscht. Auch der Elektriker hat einen Anrufbeantworter und keine MitarbeiterIn. Auch er kommt irgendwann vorbei und trifft auf eine hoffnungsvolle Kundin, die ihr Kaltwasserproblem bald gelöst glaubt. Der Elektriker schaut sich das Gerät an, dreht den Wasserhahn auf, hört das Klacken und diagnostiziert: »Das Gerät ist kaputt.«

Das macht eben den Unterschied zwischen einem Laien und einem Fachmann aus. Der Laie hört das Klacken und meint, er habe keine Ahnung. Der Fachmann hört es und weiß, das Gerät ist kaputt.

Ein neuer digitaler Durchlauferhitzer, Markenfabrikat, kostet 624 Euro, weiß der Experte. So teuer?! Ein Preisvergleich im Internet ergibt: Das gleiche Gerät ist auch für 424 Euro zu haben. Der Elektriker gesteht, dass er diesen Preis auch mit dem höchsten Rabatt nicht toppen kann, ist aber bereit, auch ein im Internet erstandenes Gerät anzuschließen. Dankbar bestelle ich virtuell.

Eine Woche später – ich dusche inzwischen vier Wochen kalt – ist das Gerät da, der Elektriker auch. Eins, zwei, drei ist das Gerät installiert. Aus dem Wasserhahn am Waschbecken fließt warmes Wasser. Glücklich ist, wer warmes Wasser hat. Ich bin glücklich, weil ich noch nicht weiß, dass jetzt das Drama erst richtig losgeht.

Am nächsten Morgen stehe ich wieder unter der Dusche, drehe den Hahn auf – und es kommt kaltes Wasser. Die Laune ist jetzt sehr schlecht. Mehrmals drehe ich auf und zu, kann es nicht glauben, aber es ändert sich nichts – kaltes Wasser. Ich trockne mich ab, ziehe mich an, gehe noch einmal ins Bad und drehe den Hahn am

Waschbecken auf. Warmes Wasser. Dann die Dusche. Kaltes Wasser.

Ich zweifele an meinem Verstand und wähle die Nummer des Elektrikers. Der Anrufbeantworter hat keinen Sinn für meine Nöte, nimmt aber wieder einmal meine Hilferufe auf. Abends meldet sich der Elektriker und erklärt mir: »Dem Wasser ist es egal, ob es aus der Dusche oder dem Wasserhahn am Waschbecken herausfließt.«

Deutlicher könnte er meinen Geisteszustand nicht in Frage stellen, aber immerhin kommt er vorbei und dreht die Duscharmatur auf. Das Wasser ist kalt. Er baut die Verkleidung des Gerätes ab, sieht die orange Störungslampe leuchten und kommt zu dem Ergebnis: »Das neue Gerät ist kaputt.«

Ich bin einem Herzinfarkt nahe, als er mit den Schultern zuckt und sagt: »Sie haben das Gerät ja im Internet bestellt. Hätten Sie es bei mir gekauft, würde ich es einfach umtauschen. Aber so ...«

Jetzt habe ich zwei Probleme. Ich habe immer noch kein warmes Wasser und dazu ein angeblich kaputtes neues Gerät, dass ich virtuell bestellt habe. Meine Gedanken kreisen nur noch um Wassertemperaturen und Durchlauferhitzer.

Ich rufe die Hotline der Markenfirma an. Unter »Ihr direkter Draht« steht nicht nur die Nummer der Hotline, sondern auch, dass guter Rat nicht teuer, sondern selbstverständlich sei. Selbstverständlich zahle ich dafür neun Cent pro Minute.

»Alle Plätze sind belegt, wir bitten um etwas Geduld.« Ich höre notgedrungen die nervige Hotlinemusik. Irgendwann erlöst mich eine Dame aus der Endlosschleife. Ich schildere meine Warm-kalt-Wasser-Durchlauferhitzer-Sorgen. Sie erkennt glasklar, ich brauche einen Fachmann, und verbindet mich mit dem technischen

Beratungsdienst, der fernmündlich das technische Modell in den Griff zu bekommen versucht.

Ich schildere erneut mein Warm-kalt-Wasser-digitales-21-SL-Durchlauferhitzer-Problem. »Was kann das sein?«, frage ich und hoffe auf Erlösung.

»Was haben Sie für eine Armatur? Einhebel- oder Zweigriffarmatur?«

»Eindeutig eine Zweigriffarmatur.«

»Und wie hoch ist ihr Wasserdurchfluss?«

»Keine Ahnung.«

»Ganz einfach: Wie viel Wasser fließt in einen Eimer, wenn Sie es eine Minute laufen lassen?«

Ist das die Eingangsvoraussetzung für einen guten, selbstverständlichen Rat? Ich muss etwas falsch verstanden haben. Oder hält der mich für blöd?

»Ehrlich gesagt, ich weiß das nicht«, gebe ich zu, »ich stehe nicht täglich im Bad und zähle die Liter, die pro Minute aus dem Hahn fließen.«

Der Experte lässt sich nicht stoppen. Munter referiert er, woran es noch liegen könnte: »Vielleicht arbeitet das Gerät ja auch an der Leistungsgrenze. Dann schafft das Gerät nur eine bestimmte Temperatur.«

»Es schafft gar keine Temperatur«, werfe ich ein und höre mir weiter seine Fachsimpeleien an: »Vielleicht ist der Durchfluss an der Dusche auch zu groß, größer als zehn Liter pro Minute, oder auch zu klein, weniger als vier Liter pro Minute. Oder der Wasserdruck ist nicht in Ordnung. Dann sollten Sie die Leitung kontrollieren lassen. Oder in der Durchleitung hat sich zu viel Kalk angesammelt.«

Mir schwirrt der Kopf und ich schicke Stoßgebete zum Himmel: Lieber Herrgott, schicke Hilfe, dass ich irgendwann wieder warm duschen kann! Aber Hilfe ist nicht in Sicht. »Vielleicht ist auch der Heizkörper kaputt?«

»Dann müsste doch das Wasser immer kalt sein und nicht nur in der Dusche.«

»Vielleicht hat auch der Elektriker das Gerät falsch angeschlossen. Vielleicht hat er zuerst die Sicherung und dann erst das Wasser zugeschaltet, dann ist das neue Gerät jetzt kaputt.«

»Das ist eine Fachfirma.«

»Ha, wenn Sie wüssten, was wir alles erleben.«

Ich will es nicht wissen.

»Aber vielleicht ist es auch ein Elektronikfehler im Gerät. Auch das kommt vor. Dann müsste jemand von unserer Firma herauskommen. Ist das Gerät defekt geliefert worden, ist es für Sie kostenlos. Liegt der Fehler an Ihnen oder Ihrem Elektriker, müssen Sie zahlen. Das kostet dann 90 Euro für die Anfahrt und 65 Euro je Arbeitsstunde.«

»Guter Rat ist nicht teuer, sondern selbstverständlich« – ich erinnere mich an die Trost spendenden Sätze auf der Internetseite. Ich hatte eine Lösung erhofft. Stattdessen hat mir der Experte am Telefon ein halbes Dutzend »Vielleichts« offeriert. Die Komplexität des digitalen SL-21-Durchlauferhitzers macht eine einfache Ursachenforschung unmöglich. Stattdessen sehe ich weitere Kosten von mindestens 150 Euro auf mich zukommen. Inzwischen beginne ich zu zittern, wenn ich nur das Bad betrete.

Ich beschließe, eine zweite Installationsfirma um Rat zu fragen und dann mein Freund Willi, der früher einmal eine Feinmechanikerlehre gemacht hat. Die zweite Installationsfirma kommt – und geht –, ohne die Ursache für das Warmwasser-Desaster herausgefunden zu haben: »An den Leitungen kann es nicht liegen. Die sind so gut wie neu. Wahrscheinlich ist das Gerät kaputt.« Aha!

Ich bitte Willi zum Stelldichein. »Könntest du einfach

einmal mit mir Wasserhähne auf- und zudrehen?« Ein absonderliches Ansinnen. Wir drehen gemeinsam Dutzende Male Wasserhähne auf und zu, versuchen logisch zu ergründen, wo der Fehler liegt.

Wenn man die Dusche aufdreht, erhält das Gerät eine Fehlermeldung und schaltet ab. Eine Minute lang. Dann: grünes Licht. Am Wasserhahn gibt es danach wieder warmes Wasser. An der Dusche nicht. Willi beginnt zu spielen, er dreht das Wasser ganz laaaangsaaam auf. Und tatsächlich: Es funktioniert. Ich habe warmes Wasser. Auch in der Dusche. Aber in einem Leben, das sich ständig beschleunigt, kann man auf Dauer den Wasserhahn nicht sooooo langsam aufdrehen.

Notgedrungen bestelle ich also per Hotline den Kundendienst der Markenfirma. Ich bin mit meinem Latein am Ende, mein Freund ebenfalls. Der Installateur und der Elektriker hatten kein Latein, wissen aber auch nicht weiter.

Die Experten von der Hotline loben mich inzwischen für meine Fachkompetenz, Fachbegriffe wie Einhebel- und Zweigriffarmaturen, Durchflussmenge, Wasserdruck kommen mir flüssig über die Lippen. Ich habe etwas gelernt in den vergangenen sechs Wochen.

Kosten sind mir inzwischen egal, ich will nur noch das Thema »Warmwasser« aus meinem Leben tilgen.

Der Firmenexperte erscheint. Er dreht die Wasserhähne auf, lässt das orange und grüne Lämpchen leuchten und kommt zu dem Ergebnis: »Das Gerät ist kaputt.« Als er das neue aus dem Auto holen will, frage ich beiläufig, ob ich den kleinen blauen Filter, der mit dem Gerät geliefert wurde, wegwerfen könne.

Er stutzt, dreht sich um: »Daran könnte es liegen!« Er baut den braunen Filter aus der zuführenden Wasserleitung aus, setzt stattdessen den blauen Filter ein – und nach sechseinhalb Wochen habe ich wieder WARMES Wasser!

Genosse Zufall hat die Lösung gebracht. Jetzt gibt es auch eine Erklärung frei Haus geliefert: »Die Durchflussmenge war zu hoch. Das Gerät schaffte es nicht, die Menge Wasser zu heizen, und schaltete ab. Der kleine blaue Filter regelt die Durchflussmenge herunter. Und weil beim Duschen mehr Wasser durchfließt als im Waschbecken, schaltet das Gerät nur dort ab.«

»Und wo steht das in der Montageanleitung, dass es zwei solcher Filter gibt?«

»Das weiß man. Das muss nicht in der Anleitung stehen.«

Ich muss lachen, denn kein Experte ist auf diese simple Idee gekommen, es müsse nur ein etwa ein Zentimeter großer Plastikfilter ausgetauscht werden. Der Installateur nicht, der Elektriker nicht, der Fachmann der Hotline nicht und der Kollege, der vor mir steht, auch nicht. Immerhin hat der Fachmann ein Einsehen. Weil auch er von einem defekten Gerät ausgegangen war, muss ich Anreise und Arbeitsstunde nicht bezahlen.

Die lochabhängige Durchflussintensität meines elektronisch geregelten Durchlauferhitzers wird seitdem mithilfe eines kleinen blauen Filterchens – Materialwert vielleicht zehn Cent – perfekt geregelt.

Die Raumfähre Challenger übrigens stürzte ab, weil ein Dichtungsring defekt war.

Der programmierte Frust

Ein Mann sitzt an einem PC. Man sieht und spürt seinen Ärger. Er ist sauer. Stinkesauer. Der Computer macht nicht, was er soll. Der Mann haut auf die Tasten. Doch der PC bleibt stur. Der Mann versetzt dem Computer einen Schlag. Dann steht er auf, geht aus dem Raum und kommt mit einem Hammer zurück. Er drischt auf den Computer, bis der vollends schrottreif ist.

Dieser kleine Film auf YouTube, diesem Videoportal, auf man kostenlos Videoclips ansehen und hochladen kann, hat inzwischen Kultstatus.

Angeblich ist das Video gestellt. Sei's drum. Ich liebe es, weil ich mich wiedererkenne, weil auch mich der PC mit seiner Hard- und Software, den DSL-Modems, Routern, all den Treibern und Sicherheitsupdates, Bluetooth und WLAN an den Rand des Wahnsinns treibt.

Ich habe einen Computer am Arbeitsplatz, zu Hause einen privaten PC und einen Laptop, meine Töchter – sie studieren beide – haben jeweils einen Laptop, auch mein Mann besitzt einen. Dazu gibt es Drucker, Handys, digitale Kameras, auch iPods sind Standard. Technikfeindlich kann man unsere Familie also nicht nennen.

Als Beweis muss man nur die oberste Schublade meines Schreibtischcontainers im Arbeitszimmer aufziehen. Dort liegen Dutzende dieser Plastikklumpen mit Leine, ohne die unser modernes Handy-Kamera-MP3-Player-Notebook-Leben zusammenbräche. Sony, Nokia,

Samsung, Apple, Philips – alles was Rang und Namen hat, gibt sich dort ein Stelldichein. Kleine Klinke, große Klinke, normaler USB-Anschluss, Mini-USB-Anschluss. Nicht dass ich noch wüsste, welches Ladegerät, welcher Kopfhörer, welches Netzteil zu welchem Gerät gehört. Eine Ansammlung von Einzelstücken. Nichts passt zusammen. Keines der Teile wage ich jedoch wegzuwerfen – wer weiß, ob ich nicht doch noch mal nach irgendeinem Einzelstück in meiner Sammlung suchen muss. Bisweilen kann man mich beobachten, wie ich tief versunken in dieser Schublade nach einem passenden Stecker zu diesem oder jenem Gerät grabe und dabei die Markenvielfalt verfluche, die angeblich Segen und Antrieb unserer kapitalistischen Wirtschaftsform ist. Mich überfordert sie vollends, weil ich vor Jahren eben nicht – wie Experten raten – jedes Kabel mit einem Klebestreifen versehen habe: »Akku für mein Handy« oder »Ladegerät für die Kamera«. Schon wenn ich das richtige Kabel suche, denke ich an den Mann, der bei YouTube mit dem Hammer aktiv wird – dabei benutze ich das Gerät noch gar nicht, mir flattern schon Nerven, bevor ich es gestartet habe.

Immerhin, auch die Schubladen der Europakommissare in Brüssel scheinen inzwischen so durcheinander zu sein wie meine. EU-Kommissar Günther Verheugen nennt sechs verschiedene Ladegeräte sein eigen. »Das ist ein Ärgernis«, hat er im Pressesaal laut gerufen. Wo er recht hat, hat er recht. Die Kommission hat sich deshalb mit den Herstellern von Mobiltelefonen auf einen einheitlichen Standard bei den Ladegeräten geeinigt. Allerdings braucht der einheitliche Kabelstecker noch etwas Zeit, und es wird ihn auch erst einmal nur für das Handy geben. Digitalkameras, Laptops, Digicams, MP3-Player bleiben außen vor.

Meine Schublade wird also vorerst nicht leerer. Aber vielleicht die der nächsten oder übernächsten Generation.

Aber selbst wenn die Geräte laufen, alle Stecker in den richtigen Buchsen stecken, bin ich vor Unbill nicht gefeit.

Vor ein paar Wochen schreibe ich einen wichtigen Brief an eine Versicherung. Plötzlich ist Schluss. Nichts. Totenstarre auf dem PC. Die Maus bewegt sich nicht mehr. Mein Briefentwurf! Ich habe ihn noch nicht gespeichert. Mein Herz schlägt schneller: »Mist, die ganze Arbeit umsonst? Bitte nicht!«, flehe ich, als ob die Kiste mich erhören würde. Was kann es sein? Der Rechner tut nicht nur nicht, was er soll; er tut gar nichts mehr.

Ich habe eine kabellose Maus und eine kabellose Tastatur. Sie werden beide über Funk dirigiert, nicht über Bluetooth. Bluetooth ist – die Erklärung findet man im Internet – eine Funkvernetzung über kurze Distanz. Und Bluetooth bildet dabei die Schnittstelle, über die sowohl mobile Kleingeräte wie Mobiltelefone und PDAs als auch Computer und Peripheriegeräte miteinander kommunizieren können. Hauptzweck von Bluetooth ist das Ersetzen von Kabelverbindungen zwischen Geräten.

Alles klar?

Nun gut, ich habe kein Bluetooth, muss folglich auch nicht verstehen, wie das funktioniert, sondern nutze eine alte kabellose Funkmaus und Tastatur. Mein Respekt vor der Komplexität der Computerwelt ist groß, ich rufe meine Tochter an, schildere ihr das Problem.

Sie reagiert wie immer: »Ach Mama!« Danach kommt dann meist die Lösung. So auch jetzt: »Wie wäre es denn damit: Vielleicht sind die Batterien in der Tastatur oder in der Maus leer und müssen ausgetauscht werden.«

Ich liebe es, für bekloppt gehalten zu werden, und antworte darauf auch wie immer: »Als ich klein war, hatten wir noch keinen Strom und kein fließend Wasser, wir wohnten in Höhlen und gingen auf die Jagd, Neandertalern gleich. Du würdest unter Bedingungen, unter denen ich groß geworden bin, gar nicht überleben können! Du hingegen hattest eine Kindheit mit Tamagotchi und Gameboy. Computerspiele wie »Siedler«, »Commander Keen« oder »Die Lemminge« gehörten zu deiner Jugend wie bei mir das Beerensammeln im Wald. Also jeder so, wie er kann.«

Dieser Dialog zwischen Mutter und Tochter ist politischer als man denken mag: Während für die ältere Generation das schwindelerregende Tempo derzeitiger Hightech-Innovationen eine große Herausforderung ist, ist die jüngere sozusagen in die digitale Welt hineingeboren worden. Meine Tochter ist eine digitale Eingeborene, und ich bin ein digitaler Einwanderer. Für die beiden amerikanischen Neurowissenschaftler Gary Small und Gigi Vorgan spaltet sich unsere Gesellschaft in diese beiden Gruppen.

Jugendliche verbringen heutzutage bis zu acht Stunden täglich damit, sich per SMS (Short Message Service) zu verabreden, im Internet zu bloggen (früher nannte man das Tagebuch schreiben), per Twitter Mitteilungen zu empfangen und zu verbreiten, ihre Erfahrungen mit ihren Lehrern ins Netz einzutragen, Einladungen per E-Mail zu verschicken oder die Bilder der letzten Party bei schülerVZ hochzuladen.

Dagegen meidet der schon ältere Geschäftsführer eines mittelständischen Unternehmens – sozialisiert mit einem Schwarzweißfernseher und einem fest installierten Telefon mit Drehscheibe – den Frust mit E-Mails und Internet, lässt lieber seine junge Sekretärin ran, die für ihn – weil digitale Eingeborene – die digitale Post flugs erledigt. Kaum aber ist der ältere Geschäftsführer pensioniert, fühlt er sich ausgeschlossen aus der Wissensgesellschaft des 21. Jahrhunderts und ist heilfroh, wenn sein 25-jähriger Sohn ihm hilft, die digitale Wissenslücke zu schließen.

Wohl dem, der Kinder und Enkel hat.

Die neue Welt verändert die menschlichen Verhaltensweisen. Small und Vorgan gehen davon aus, dass die Gehirne von jungen und alten Menschen inzwischen unterschiedlich arbeiten. Ein Generationenkonflikt der anderen Art. Die Jungen verdrahten und kodieren Informationen schneller und anders als die ältere Generation. Das Gehirn der Älteren ist längst nicht so geschult, digitale Reize aufzunehmen und im Turbotempo zu verarbeiten. Aber Ältere können diese moderne Form der Verdrahtung in Maßen lernen, auch wenn die Kluft zwischen den unterschiedlich geprägten Gehirnen von Jung und Alt bestehen bleibt.

Die beiden amerikanischen Neurowissenschaftler erklären also, was Mutter und Tochter bereits wissen: Ihr Umgang mit der neuen Technologie ist jeweils ein anderer. Die eine ist Eingeborene, die andere Einwanderer.

Zugegeben, dass die Maus Batterien braucht – das habe ich jetzt begriffen. Das passiert mir nur einmal und dann nicht wieder. Doch leider bieten der Computer und die dazugehörige Software eine unendliche Zahl von Kinkerlitzchen, die das System zum Erstarren bringen können.

Eines Tages arbeite ich im Büro an einem Text, da schreibt die Tastatur wie von Geisterhand geführt plötzlich statt eines »Z« ein »Y«, alle Umlaute verschwinden, statt eines »Ö« erscheint ein Semikolon, statt eines »Ä« ein Apostroph.

Wer spinnt? Die Tastatur? Der Computer? Ich?

Ich fluche, schimpfe, suche Rat bei Kollegen, die mir kompetenter erscheinen als ich, aber auch nicht wissen, warum der Rechner mir plötzlich ein »Y« für ein »Z« vormacht.

Ich rufe die Systemadministratorin an, nach einer Weile erscheint sie in meinem Büro. Sie ist die Ruhe in Person, gegen blank liegende Nerven und Drohungen, dass der Termin nicht eingehalten wird oder die Sendung platzt, ist sie inzwischen immun. Sie weiß, dass Mitarbeiter, deren Tätigkeit komplett von einem funktionierenden Computer abhängt, kleine Fehler als große Tragödie wahrnehmen. Je weniger Einfluss der Anwender glaubt, auf das System zu haben, desto häufiger eskaliert die Stimmung, haben Forscher herausgefunden.

Folglich dient die erste Frage der Systemadministratorin nicht dazu, das Sachproblem, sondern den Stresspegel zu eruieren:

»Stehen Sie unter Druck?«

»Geht so ... Ich weiß halt nicht, woran es liegt.«

»Wunderbar«, sagt sie und erklärt mir, während sie am PC arbeitet: »Wir stellen immer fest, dass diejenigen, die in Eile und hektisch sind, die meisten Schwierigkeiten haben. Man muss Geduld haben, wenn man mit einem PC arbeitet.«

»Einspruch! Computer sollen alles schneller machen. Sie sollten unser Leben erleichtern, die Produktivität erhöhen, oder?«

»Schauen Sie, Ihr Problem habe ich gelöst. Sie haben aus Versehen die Alt- und die Shift-Taste gleichzeitig gedrückt, dann wechselt die Sprache. Sie schreiben dann mit einer englischen Tastatur und mit anderen Buchstaben. Solche Tastenbefehle nennt man übrigens Shortcuts, es gibt eine ganze Reihe davon, mit denen man gewisse Funktionen schnell starten kann.«

»Shortcuts? Aha! Woher soll ich das wissen?«, frage ich. »Warum sagt mir die Kiste nicht zum Beispiel: ›Sprache gewechselt‹?«

»Man geht davon aus, dass Sie das wissen.«

»Wer ist ›man‹«, will ich wissen.

Sie lacht. »Wenn Sie wieder Shift- und Alt-Taste drücken, dann sind Sie wieder im deutschen Modus. Aber Sie haben recht, die wenigsten nutzen diese Kurzfunktionen. Sie meinen, der PC ist dazu da, unser Leben zu erleichtern? Das ist gerade der Fehlschluss. Es gibt eine Studie: ›Do you suffer of PC rage?‹, ›Leiden Sie unter PC-Ärger?‹.

»Die Antwort lautet Ja«, werfe ich ein und schaue ungläubig: »So etwas gibt es?«

»Ja, und in dieser Studie hat man schon vor Jahren festgestellt, dass PC-Nutzer falsche Erwartungen haben. Sie glauben, der Computer mache alles schneller, einfacher. Es ist aber eine Maschine. Und wenn die Maschine nun nicht so funktioniert, wie sie das erwarten, dann werden die Nutzer wütend und aggressiv – so als handele es sich bei ihrem Gegenüber um einen Menschen. Wenn man wütend auf den PC ist, dann sollte man tief durchatmen, drei mal ›Ommmm‹ sagen oder einmal um den Block laufen und es dann noch einmal versuchen. Technik versagt nun einmal!«

Die Systemadministratorin meint es gut mit dem Nervenkostüm der von ihr betreuten Anwender. »Ich kann Ihnen nur einen Tipp geben, lassen Sie sich nicht von dem PC provozieren. Wenn er 15 Minuten braucht, um beim Hochfahren alle neuen Einstellungen zu installieren, sollte man Kaffee trinken gehen, telefonieren, aber keinesfalls vor dem PC sitzen und ihn anstarren.«

»Ich werde versuchen, es zu beherzigen, aber eines will mir nicht in den Kopf: Warum, verdammt, ist ein

Computer nicht so einfach zu benutzen wie eine Zahnbürste oder ein Bügeleisen?«

Sie zuckt mit den Schultern und lächelt. Wäre es so, wäre sie ihren Job los.

Zu Hause habe ich keinen Systemadministrator, den ich anrufen kann. Zu Hause bin ich der Systemadministrator! Dort bringen mich die ständigen Innovationen auf dem Hard- und Softwaremarkt zur Raserei. Kaum habe ich einen PC erworben und mich an ihn gewöhnt, ist er oder die Software schon wieder veraltet. Mehr Leistung, mehr Power. Die Größe von Festplatten wächst gefühlt jede Woche weiter an. Anschlüsse für »Peripheriegeräte« wie Drucker oder Scanner werden verändert oder neu entwickelt. Und wenn mir dann IT-Freaks erklären, dass der USB 2.0 viel besser sei als der USB, die SD-Karte jetzt von der miniSD abgelöst werde und der 22-Zoll-TFT-Monitor im Breitbildformat natürlich über DVI (Digital Visual Interface) an den Rechner angeschlossen werden muss – dann, ja dann merke ich, dass ich ein digitaler Einwanderer bin, der nichts von dem versteht, aber sich trotzdem zurechtfinden muss.

Ständig gibt es irgendwelche Sicherheitsupdates für mein Betriebssystem oder für irgendeines der vielen Programme, regelmäßig kommen neue hinzu. Mir erschließen sich viele Hilfesysteme nicht, um Handbücher mache ich einen großen Bogen. Die verstehe ich sowieso nicht.

Da werden mir Arbeitsspeicher mit 6144 MB 1067 MHz Tri-Channel DDR3 SDRAM angepriesen. Das suggeriert Fortschritt, obwohl mir das nichts, aber auch gar nichts sagt – außer dass ich selbst hoffnungslos veraltet und mit der guten alten Pferdekutsche im digitalen Zeitalter unterwegs bin, während die anderen schon längst Automobil fahren.

Wenn dann noch der alte Rechner zu langsam wird, weil die ganzen Software-Updates die Programme aufblasen und die Festplatte füllen, dann rückt der GAU näher: Ich muss umsteigen und nun das neue Automobil fahren, obwohl auf die alte Kutsche doch Verlass war. Alles schon erlebt, alles schon durchgemacht.

Dreimal umgezogen ist einmal abgebrannt, heißt es. Denn bei jedem Umzug verschwindet ein Teil der Möbel oder wird beschädigt. Nicht anders ist es in der modernen IT-Welt:

Dreimal PC gewechselt bedeutet, ein neues Leben beginnen, weil das alte zuvor abgestürzt ist.

Den alten Computer einfach gegen einen neuen austauschen und alles funktioniert wie zuvor – das ist nicht mehr als ein frommer Wunsch.

Bei meinem Freund Hans ist es so weit. Sein privater PC muckt, stürzt häufig ab und ist langsam ohne Ende. Hans arbeitet als Wissenschaftler an einer Universität. Er bittet echte IT-Freaks aus seiner Abteilung, ihn vor einem neuen PC zu retten. Aber auch die Experten schütteln nur den Kopf und raten: Alle Dateien sichern, was allein schon eine Herkulesaufgabe ist, und anschließend einen neuen kaufen.

Das erste Mal klagt Hans mir sein Leid, als ich mit ihm ins Kino gehen möchte: »Ich kann nicht, ich muss alle meine Daten sichern, überprüfen, kopieren.« Datensicherung statt Kinobesuch – man hat ja sonst keine Hobbys.

Ein paar Wochen später klagt er zum zweiten Mal, als ich ihn frage, ob er denn inzwischen stolzer Besitzer eines neuen Rechners sei. »Hör auf, wenn ich nur an Computer denke, bekomme ich Pickel. Bis ich überhaupt alle technischen Details geklärt hatte. Welche Speicherplatz, welche Taktfrequenzen brauche ich? Wahrscheinlich kann mein PC auf den Mond fliegen, über so viel Technik verfügt der, aber ich schaffe es nicht einmal, den An-Knopf zu finden.«

»Meinst du das ernst?« Ich habe Hans immer für einen technisch versierten Wissenschaftler gehalten.

Er belehrt mich eines Besseren: »Früher war ich selbst in der Lage zu programmieren, auch zu reparieren. Die Zeiten sind endgültig vorbei. Der neue Computer hat das Betriebssystem Windows Vista. Eigentlich wollte ich das gar nicht haben. Meine IT-Freaks haben mir davon abgeraten, auch viele Firmen verzichten darauf. Microsoft hat sowieso schon Windows 7 am Start, Vista gilt nur als Übergangssystem.«

Voller Respekt vor so viel Sachverstand höre ich ihm zu, sage »aha«, »mmh«, »so ist das also« und kann mir gar nicht vorstellen, dass so viel Wissen nicht vor Konfusion und Scheitern schützt. Ich erfahre, dass Software oft zu früh auf den Markt gebracht, schlecht getestet wird und zahlreiche Fehler hat. Und dennoch, so Hans: »Ich hatte als Privatmann gar keine andere Wahl. Bei neuen PCs und Notebooks führt an Windows Vista kein Weg vorbei.«

»Und ist das so schlimm?«

»Noch schlimmer. Stunden, Tage habe ich verzweifelt vor der Kiste gesessen. Ich bekam einfach die alten Dateien nicht auf den neuen PC, ich konnte nicht ins Internet, die Treiber für die Hardware funktionierten nicht, Programme, die ich vorher für viel Geld gekauft hatte, liefen nicht, und die Hersteller dieser Programme hatten nicht einmal ein Update für Windows Vista.«

»Woran lag's denn genau?«

»Wenn ich dir das sagen könnte. Du klickst hier, klickst da, denkst, der neue Computer macht alles von alleine, dann hakt er, du weißt nicht, was der Grund dafür ist. An welchem Schritt kann es gelegen haben? Das ist wie mit

Verkehrsstaus. Die entstehen auch einfach – manchmal ohne Grund, möchte man meinen. Komplexe Systeme eben! Sie entwickeln unvorhersehbare, nicht nachvollziehbare Eigendynamiken!«

»Oh, das kenne ich«, stimme ich ihm zu, »nichts finde ich schwieriger, als einen PC-Fehler zu beschreiben, von dem ich nicht weiß, wodurch er hervorgerufen worden ist. ›Fatal error‹, hat vor Kurzem mein PC gemeldet. Ich wollte mit Hilfe eines speziellen Programms meine Internetseite mit Inhalten füllen. So ein Programm nennt man Content Management System. Es soll gerade Menschen wie mir gerade helfen, ohne Programmierkünste und ohne HTML-Kenntnisse eine Internetseite zu verwalten. Ausgerechnet als ich die Hilfefunktion aufrief, meldete der PC den ›fatalen Fehler‹ und stürzte ab. Ohne einen IT-Experten im Bekanntenkreis wäre ich aufgeschmissen gewesen.«

Donald Norman, amerikanischer Kognitionswissenschaftler und Informatiker, gilt als Computervisionär. Er kritisiert Geräte, die uns nicht erlauben zu erkennen, was wir gerade getan haben und was gerade falsch gelaufen ist. Sie sind für ihn komplett am Nutzer vorbeientwickelt.

Und ein solcher Nutzer bin ich: »Weißt du, Hans, weil die Software für mich undurchschaubar ist, suche ich die Schuld immer bei mir. Ich habe das Gefühl, zu blöd zu sein, und Angst, mich in den unergründlichen IT-Tiefen zu verlieren – selbst wenn es nur ein ›Y‹ ist, das plötzlich als ›Z‹ erscheint.«

Hans lacht, er kennt meine YZ-Geschichte: »Ich habe mich auf jeden Fall mit Vista gefühlt, als wenn ich mit zugebundenen Augen durch einen Irrgarten gehe. Ich hätte das Ding zertrümmern können.«

Aggressionen gegen Computer – schon wieder! Das

ist inzwischen Gegenstand wissenschaftlicher Forschung. Computer werden immer häufiger Opfer physischer Gewalt. Die Sozialwissenschaftlerin Marleen Brinks hat sich mit diesem Phänomen ausführlich auseinandergesetzt. 62 Prozent der Nutzer geben zu, sie hätten den PC schon einmal beschimpft, ein Drittel wird tätlich gegen Maus und Tastatur, und etwa 15 Prozent treten gegen das Gehäuse oder schlagen auf den Bildschirm ein.

Hans ist also ganz normal. Ich sage es ihm: »Menschen wie du und ich entwickeln zu dem Computer entgegen alle Logik eine emotionale Beziehung. Sie fluchen, schreien, schimpfen, treten. Sie streicheln, bitten, betteln und reden ihm gut zu. In welcher Phase bist du denn zurzeit, Hans?«

»In der eines gehörnten Liebhabers. Ich bin tief verletzt und fühle mich gedemütigt. Nicht nur, weil ich das Gefühl habe zu scheitern, nicht mehr up to date zu sein, sondern auch, weil ich mich ärgere, dass mich ein solches Gerät so auf die Palme bringen kann.«

Hans hat dann im Büro in Internetforen nach Lösungen gesucht und ist auf eine Vielzahl von Nutzern gestoßen, die dort um Hilfe rufen:

Hallo ihr, seit einigen Wochen besitze ich einen neuen PC mit Windows Vista und kann damit weder Updates laden noch bestimmte Internetseiten aufrufen. Kann mir jemand helfen? Heike

Hallo zusammen, ich habe mir einen Laptop mit Windows Vista Home Premium gekauft. Dieses Teil spielt total verrückt. Ich kann keine E-Mails aufmachen, kein Programm installieren, aber auch keines deinstallieren. Die Firewall ist nicht aktiviert, der Norton-Virenschutz müsste neu abonniert werden, geht aber nicht. Mathias

Hallo! Ich bekomme immer die Meldung, dass mein Windows-Explorer nicht mehr funktioniert. Ich habe schon gegoogelt, und dieses Problem scheinen ganz viele Anwender von Vista zu haben, aber eine Lösung habe ich noch nicht gefunden. Kann jemand helfen? Melanie

Hallo an alle! Ich habe Vista einfach wieder deinstalliert und nun ist alles wieder beim Alten, als ob nichts gewesen wäre. Ich war es leid, jetzt läuft er wieder. David

»Bist du auch so weit wie David, der alles deinstalliert hat?«, frage ich Hans.

»Nein, aber ich habe aufgegeben. Ich habe einen Experten aus dem Büro engagiert. Der bringt mir alles in Ordnung.«

Programmierter Frust. Die IT-Branche macht es uns wirklich nicht leicht, sie zu lieben. Offenbar haben die letzten zwanzig Jahre nicht gereicht, um diese Technologie zu einem solchen Reifegrad zu führen, dass wir sie problemlos verstehen und nutzen können.

Donald Norman gilt auch als Experte für Produktgestaltung. Bei ihm fühle ich mich verstanden. Norman kritisiert das Dateien-Wirrwarr, die vielen Menüs, Programme. Computer sind für ihn unmenschlich und überkompliziert. Sie zwingen uns ein Gedankenmodell auf, das nicht das unsere ist. Sie haben sich nach uns, und nicht wir uns nach ihnen zu richten.

Warum kann man nicht einfach eingeben, was man von dem Computer will? Warum kann mir der Computer nicht konkret sagen, warum er mich mit dem Internet nicht verbinden kann, welche Einstellungen in welcher Konfiguration ich verändern muss? Was bedeutet die Fehlermeldung »Einer der Datenträger muss auf Konsistenz überprüft werden« auf meinem Notebook?

Ist Alarm angesagt, oder kann ich die Meldung getrost ignorieren?

Warum kann der Rechner nicht zu seinen tausend Fehlermeldungen auch gleich die Anleitung zur Fehlerbehebung anzeigen – und zwar möglichst in verständlichem Deutsch? Denn schon die Fehlermeldungen sind in einer kryptischen Sprache abgefasst, die nur für Experten zu verstehen ist.

Warum gibt es keine Computer für Menschen wie mich, die den PC im Prinzip nur als elektrische Schreibmaschine verwenden? Warum gibt es keine Einfachversionen für alte Menschen, die erst spät ins digitale Zeitalter »eingewandert« sind? Warum klebt an leistungsstarken Rechnern kein Schild: »Nur für Gamer, Fotografen und Filmfans zu empfehlen«?

Antworten auf diese Fragen habe ich nicht. Aber dafür hat der Mann, der seinen PC schrottreif schlägt, meine volle Sympathie – auch wenn das auf Dauer eine ganz schön teure Methode ist, um seinem Ärger über die Tyrannen unserer Zeit Luft zu machen.

Ich empfehle eher, einen aufblasbaren Plastikhammer im Internet zu bestellen (www.computerhammer.com). Damit kann man nach Lust und Laune auf den Computer eindreschen, wenn man mal wieder frustriert ist, ohne jeglichen Schaden anzurichten. Der Plastikhammer eignet sich übrigens auch prima als Geschenk: »It makes a fantastic gift idea for anyone that owns or uses a computer.«

Für Hans habe ich schon einen bestellt.

Schraub & Co

Eine Kollegin hat sich ein Navigationsgerät gekauft, das allerdings noch nicht den richtigen Weg anzeigt. Ein Freund macht die Erfahrung, dass sein Handy häufig von alleine telefoniert. Eine Bekannte hat sich ein iPhone geholt. Das Display ist plötzlich schwarz – nichts geht mehr. Sie alle drücken auf Reset, nehmen den Akku heraus und tun ihn wieder hinein, lesen doch endlich die Bedienungsanleitung, rufen, weil sie immer noch keine Lösung haben, bei der Hotline an, zahlen dafür ein paar Euro und verbringen den lieben langen Tag damit, das Gerät, das eigentlich nur problemlos funktionieren soll, wieder zum Funktionieren zu bringen.

Es hat sich herumgesprochen. Nicht nur ich versuche, im modernen Alltag zu überleben, auch Freunde, Bekannte, Kollegen sind damit beschäftigt, ihr Handy via Bluetooth mit dem PC kommunizieren zu lassen, diverse Endgeräte mit der neu installierten Telefonanlage zu verbinden, oder raufen sich die Haare, weil ihr Faxgerät ihnen mitteilt, »Fehlercode 199« sei aufgetreten. Nur bitte schön – was ist Fehlercode 199?

Do it yourself. Mach es selbst! Dank der vielen kleinen Mikrochips ist unser Leben zu einem permanenten Intelligenztest geworden. Darüber vergessen wir manchmal, dass auch archaisches Schrauben, Dübeln, Hämmern – die Urform des Heimwerkens also – ein genauso großes Abenteuer sein kann.

Peter hat für seine Enkelin einen Kinderschreibtisch gekauft. Den möchte er nun aufbauen. Er gehört zu der Generation, die mit dem Stabilbaukasten aufgewachsen ist, folglich geschreinert, das Moped zerlegt und die Fliesen selbst verlegt hat. »Kannst du mir helfen?«, fragt er mich.

Na sicher, ich helfe ihm gerne. Denn die Bedienungsanleitung des höhenverstellbaren Kinderschreibtisches »16329019« macht ohne Worte nur mit Zeichnungen klar, was man braucht: zwei Stunden Zeit, zwei Menschen, keine Bohrmaschine, aber dafür einen Hammer und einen Kreuzschlitzschraubenzieher!

Letzteres ist eine Lüge, das merken wir sofort. Wir benötigen nicht einen, sondern fünf Kreuzschlitzschraubenzieher in verschiedenen Größen und dazu noch die drei mitgelieferten Inbusschlüssel.

Nun sitzen wir auf dem Boden, vor uns die 11-seitige Bedienungsanleitung, die mehr an die Baupläne für einen siebenstöckigen Versicherungskomplex erinnert. Links, rechts, vor uns, hinter uns Seitenteile, Schubladenelemente, Rückfronten, Beine, Verbindungselemente, Plastiktüten mit Schrauben, Dübeln, Schienen. Wir holen erst einmal Tassen und Gläser, um die verschiedenen Schrauben B1632903, V15187619, BA10695 oder auch B14362 zu sortieren. Vierzehn verschiedene Schraubentypen, unterschiedliche Größen, verschiedene Gewinde.

»Puh«, sagt Peter. Wir schauen uns an.

»Komm, das schaffen wir«, ist meine Parole. »Zwei Erwachsene mittlerer Intelligenz kann der Zusammenbau eines Kinderschreibtisches nicht umwerfen.«

Wir versuchen den Korpus zu montieren, aber wo ist oben, wo ist unten? »Schau hier – die Dübellöcher sind auf dem Bild links oben, da muss dieses Seitenelement anmontiert werden«, meine ich.

Peter ist anderer Auffassung: »Die zeigen den Tisch in der normalen aufgebauten Position, aber für die Montage müssen wir das Ganze auf den Kopf kippen.« Mit den Gesetzen der Logik transferieren wir nun die Anleitung in eine andere Dimension. Peter liegt inzwischen auf dem Rücken, und ich ziehe mit dem Zeigefinger die komplexen Linien auf der Bauanleitung nach, um den Weg zu der richtigen Schraube M6 × 35 und dem Gegenstück M6 × 12 × 12 zu finden.

Die Enkelin kommt ins Zimmer: »Opa, ist mein Schreibtisch bald fertig?«

Inzwischen sind wir beide schweißgebadet, an einer Stelle hat Opa gerade in eine Seitenwand einen Dübel hineingesteckt, obwohl dort – wir sind uns ganz sicher – doch besser eine Schraube hineinsollte. »Nein, das dauert noch ein bisschen.«

Wir wissen beide, dass Opa flunkert. Ein bisschen – das heißt, es dauert noch ein bisschen lange.

Peter fängt an zu fluchen. »Jetzt muss ich das Sch… ding wieder herausdoktern.«

Ich beschäftige mich derweil mit den Schubladen. Müssen erst die Schienen für die Schubladen montiert werden, oder muss man erst die Seitenteile anbauen? In der wortlosen Anleitung finde ich dazu kein Bild.

»Warum sind Gebrauchsanleitungen immer so unübersichtlich, so wenig eingängig und einsichtig?«, frage ich Peter.

»Weil die von Deppen geschrieben werden«, ist die knappe Antwort. Unter dem Schreibtisch reduziert sich der sonst differenzierte Blick meines Freundes auf die Welt auf eine recht schlichte Variante. Der falsch gesetzte Dübel ist immer noch nicht aus dem Schraubenloch entfernt.

»Weißt du«, philosophiere ich weiter, während ich

nachschaue, ob ich nicht doch noch einen Hinweis auf »erst Schublade« oder »erst Seitenteil« finde, »es sind nicht nur die schlechten Gebrauchsanleitungen, es ist auch die schlechte Beratung im Geschäft. Der Verkäufer hätte doch sagen müssen: Trauen Sie sich das zu? Das ist nichts für Anfänger.«

»Ich bin kein Anfänger«, schallt es von unten.

Ich sage nichts mehr, denke aber an einen Test der Stiftung Warentest, die die Beratung in Baumärkten überprüft hat. Ein Küchenherd sollte wegen eines Umbaus versetzt werden. Dafür musste man die Stromzuleitung verlängern. Kein Problem, der Verkäufer gab der Kundin Kabel und Lüsterklemmen, um das Starkstromkabel zu verlängern, und wies sie noch darauf hin, wenn – was wahrscheinlich sei – beim Anschluss ein Draht zu viel in dem Kabel sei, sie den dann einfach baumeln lassen solle. Kein Wort, dass Starkstromkabel gar nicht in Laienhände gehören, dass da ein Elektriker geholt werden muss!

So gesehen geht es Peter und mir gut. Einen elektrischen Schlag haben wir wenigstens nicht zu befürchten.

Zum Philosophieren bleibt keine weitere Zeit mehr. Die kleine Enkeltochter steht wieder in der Tür. Sie schaut nur, spürt, dass Fragen wie »Wann seid ihr fertig?« besser nicht gestellt werden.

Erst die Schublade zusammenbauen und dann das Seitenteil daranschrauben. Wir entscheiden uns für diese Variante, suchen beide die entsprechenden Schrauben aus den Tassen und Gläsern, basteln mit dem Kreuzschlitzdreher die Schublade zusammen, bis wir – logisch – feststellen, dass genau die umgekehrte Vorgehensweise richtig ist. Erst die Seitenelemente, dann die Schubladen. Ein verzweifeltes Lachen: »Das kann doch nicht wahr sein!«

»Peter, wir sind Kopfarbeiter«, versuche ich die Situation zu entschärfen, »wir gehen logisch vor. Das können wir, das haben wir gelernt, aber Logik ist hier nicht angebracht. Warum tun wir uns so etwas an?«

»Weil es billiger ist, als sich einen Schreibtisch liefern zu lassen? Weil wir uns ausprobieren wollen? Weil man mal etwas Handfestes in der Hand haben möchte, wie einen Hammer und einen Schraubendreher?«

»Schon, aber Heimwerken muss noch etwas anderes in uns ansprechen. Selbstorganisation, Improvisation, Eigeninitiative, Leistung … und auch eine gehörige Portion Selbstüberschätzung.«

»Selbstüberschätzung – meinst du uns damit?« Peter signalisiert mir deutlich, während er mit puterrotem Kopf die Schraube V11000417 aus Tasse Nummer drei wieder aus dem Seitenteil der Schublade dreht, dass er für solche hintergründigen Überlegungen zurzeit wenig Sympathie hegt. »Alles wieder auseinander!« Schleichende Verzweiflung macht sich breit.

Inzwischen sind dreieinhalb Stunden vergangen. Der Korpus steht – immerhin. Der Schreibtisch ist nicht fertig, wir aber schon. Es nagt an uns, dass wir das nicht in einem Durchgang geschafft haben. Uns bringt diese doofe 16329019-Anleitung an die Grenzen unserer handwerklichen Fähigkeiten und unserer Geisteskapazität.

»Komm, wir machen Pause«, schlage ich vor. Wir sind uns einig, die Anleitung ist zu komplex. Der Verkäufer hat schlecht beraten; nur professionelle Möbelbauer können da durchsteigen.

»Opa, ist der Schreibtisch bald fertig?«, lautet die selbstverständliche Frage, als wir erschöpft aus dem Kinderzimmer in die Küche schleichen.

»Das dauert noch eine Weile. Das ist schwieriger, als wir dachten.«

»Oh, warum, Opa? Kannst du das nicht?« Kinder können so wunderbar direkt sein.

»Morgen mache ich ihn dir fertig – versprochen«, tröstet Peter seine Enkelin. Aber kaum ist der pädagogische Trost verhallt, lässt er seinem Frust freien Lauf: »Wenn ich jünger wäre, dann würde ich das Ding nehmen und den Leuten im Geschäft an den Kopf werfen.«

Ich tröste ihn: »Vor Kurzem habe ich bei einer Freundin in Süddeutschland übernachtet. Die hatte sich ein Bettsofa gekauft und dieses mit ihrem Mann zusammengebaut. Sie haben sich darüber gestritten, ob nun der eine Bügel Teil A oder B war, sie haben in zig Varianten das Sofa zusammen- und wieder auseinandergebaut. Zum Schluss haben sie den Bezug falsch aufgezogen und zwei der übergroßen Druckknöpfe ins Jenseits gefördert. Inzwischen erfüllt das Sofa seine Funktion, und meine Freundin ist um einen gruppendynamischen Prozess mit ihrem Ehemann reicher. Also alles ganz normal, was wir hier erleben. Nichts Besonderes.«

»Und, hast du gut geschlafen auf dem Sofa?«

»Ja, habe ich. Aber am nächsten Morgen fanden wir beim Zusammenschieben des Schlafsofas ein Stück Lattenrost. Wir haben uns gefragt, wo das plötzlich herkommt, und herzlich gelacht, weil wir keine Lücke fanden …«

Peter lacht auch, das Heimwerkerleid anderer hilft über das Schlimmste hinweg.

Am nächsten Tag sucht er das Möbelgeschäft auf. Er wirft den Verkäufern im Geschäft den Schreibtisch nicht an den Kopf. Aber er beschwert sich eindrucksvoll. Er breitet die Bedienungsanleitung aus – schon ein kurzer Blick darauf überzeugt die Geschäftsführerin, und sie bietet ihm an, den Schreibtisch zurückzunehmen oder 70 Euro Nachlass zu geben. Ob sie die sogenannte Ikea-Klausel im Kopf hat, wonach ein Verkäufer verpflichtet ist, eine verständliche und vollständige Montageanleitung mitzuliefern. Wenn nicht, kann der Käufer Schadensersatz verlangen. So weit die Theorie.

In der Praxis entscheidet sich Peter für die 70 Euro. Den inzwischen fast komplett zusammengebauten Schreibtisch zurückzugeben verstieße gegen seine Heimwerkerehre.

An einem Kinderschreibtisch zu scheitern – das wäre für ihn eine narzisstische Kränkung erster Ordnung.

Denn hinter Do it yourself stecken nicht nur Akkuschrauber, Hammer und Zange – dahinter steckt eine gesellschaftliche Philosophie. Wir haben es verinnerlicht: Jeder muss sein Leben *meistern*! Da steckt der Heim-Handwerker bereits drin. Man will an sich glauben können, an die eigene Kraft und seine handwerklichen Fähigkeiten. Jeder ist für sich selbst verantwortlich, Leistung zählt, Eigeninitiative ist gefordert. Do it yourself – auch bei der privaten Rentenversicherung, beim Strom- und Gaslieferanten, beim Handyhersteller und der Deutschen Bahn. Wer scheitert, ist selbst schuld.

Wohin wird das hinführen?
Peter schickt mir zwei Tage später eine Mail:

IKEA®

BEKANNTMACHUNG

IKEA plant, zukünftig Autos zu verkaufen ...

... aber nur an erfahrene IKEA-Kunden

Hier das Auto:

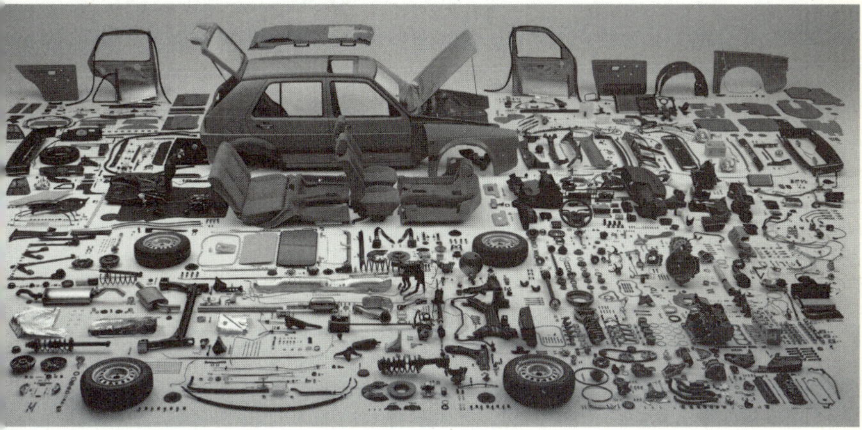

Und hier das Werkzeug:

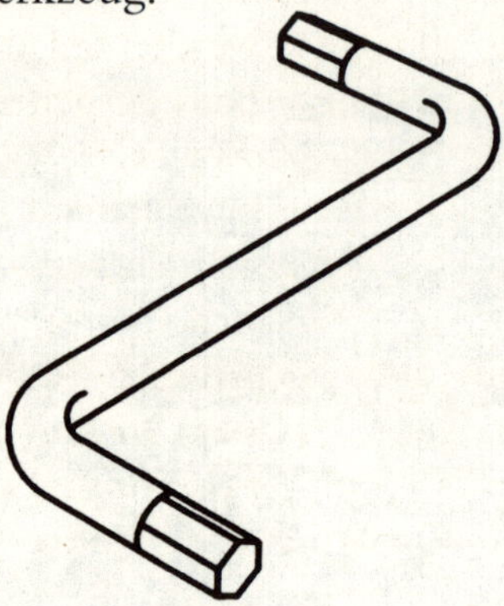

1x

Ein PC auf vier Rädern

»Kommst du mit in den Zoo?« Gern. Die kleinen Söhne meiner Freundin Dagmar werden auf den Rücksitz des nagelneuen Mittelklassewagens gepackt. Auf geht es zu Elefanten, Giraffen und Zebras. Die Sonne scheint. Ein vergnüglicher Nachmittag liegt vor uns.

Hier wäre die Geschichte eigentlich zu Ende, wäre da nicht der PC auf vier Rädern, der einen dicken Strich durch unser Vorhaben macht. Mitten auf einer Kreuzung bleibt der Wagen stehen. Kein Motor, kein Licht, kein Warnblinker, nichts. Hinter uns hupen die Autofahrer.

Auf dem Rücksitz fragt Sven: »Warum fährt das Auto nicht, Mama?«

Wenn Mama das wüsste. Dagmar versucht, ein-, zwei-, dreimal den Wagen zu starten. Nichts tut sich. Ich steige aus, erkläre zwei Autofahrern hinter uns die Lage und bitte sie zu helfen, den Wagen an die Seite zu schieben. Das haben wir schon einmal geschafft.

»Diesen totalen Funktionsausfall – das hatte der Wagen schon einmal«, erklärt Dagmar, als wir am Rand stehen.

»Wie bitte? Der ist doch neu?« Ich schaue sie verständnislos an.

Sie nickt. »Tja, dann rufe ich am besten die Werkstatt an, die sollen einen Abschleppwagen schicken.«

Als sie den zuständigen Mechaniker am Apparat hat, sagt der: »Wir haben doch die Batterie ausgetauscht. Der muss anspringen.«

Ein energisches »Tut er aber nicht« plus zwei quengelnde Kinder auf dem Rücksitz und die Geräusche einer viel befahrenen Straße im Hintergrund überzeugen den Mechaniker schlussendlich doch, einen Abschleppwagen zu schicken.

Wir warten. Ich frage: »Wieso hat der neue Wagen bereits eine neue Batterie?«

Dagmar erklärt, dass Willi, ihr Mann, schon eine Woche, nachdem das neue Auto geliefert wurde, das gleiche Problem hatte. »Das Auto hat gestreikt. Es fuhr einfach nicht. Willi hat den Händler angerufen. Und der hat ihn doch tatsächlich gefragt: ›Sind Sie sicher, dass der Wagen nicht anspringt?‹«

Ich muss lachen. Willi ist ein absoluter Technikfreak, und ich denke an die Stunden, die wir in meinem Bad mit dem Durchlauferhitzer verbracht haben.

»Ich glaube aber nicht, dass er hier den Durchblick hatte«, erschüttert Dagmar mein Vertrauen in seine Fachkenntnisse. »Willi hatte wahrscheinlich das falsche Werkzeug. Er muss nur einen Inbusschlüssel nehmen …« Ich erzähle Dagmar von der angeblichen Bekanntmachung, dass Ikea in Zukunft den geübten Kunden Autos zum Zusammenbauen anbieten will. Sie lacht.

»Früher, bei seinem alten R4, da hätte er sich das noch selbst zugetraut, da hätte er geschaut, liegt es an der Treibstoffzufuhr, am Vergaser, an der Zündung oder an der Batterie. Aber jetzt sagte er nur: ›Motorhaube aufmachen und reinschauen – das ist nicht mehr. Da gibt es zu viel Elektronik.‹ In der Werkstatt ist das Auto dann prompt wieder angesprungen. Dennoch haben sie in den nagelneuen Wagen eine nagelneue Batterie eingesetzt, wahrscheinlich nur, um irgendetwas zu tun.«

Die nagelneue Batterie hat das Problem anscheinend nicht beseitigt. Jetzt ist der Abschleppwagen wieder da.

Der Wagen wird hochgezogen, die Jungs dürfen mit dem Abschlepper fahren und strahlen über beide Backen. Das ist noch besser als Giraffen, Elefanten und Zebras im Zoo.

In der Vertragswerkstatt empfängt uns der Kfz-Mechatroniker, so heißt der Mechaniker heute, mit dem Satz: »Das kann nicht sein, dass der Wagen nicht fährt.«

»Ich bin Zeuge, alles ging aus. Mitten auf der Kreuzung. Kein Motor, kein Licht, nichts«, melde ich mich zu Wort.

»Wir hängen ihn an das Diagnosegerät«, verspricht der Techniker tröstend meiner Freundin. »Machen Sie sich keine Sorgen. Dann werden wir wissen, was er hat.«

»Diagnosegerät?« Da muss ich lachen. Das suggeriert: Man beherrscht die Technik mit einer anderen Technik. Diagnose, das klingt nach Medizin, verspricht Analyse, Klärung, Heilung. »Der Wagen ist jetzt sozusagen auf der Intensivstation«, gebe ich zu Protokoll, »hoffentlich hilft es.«

Diagnosegerät – für mich inzwischen ein Fetisch, der nicht hält, was er verspricht. Ich denke an die Klimaanlage, die letzten Sommer in meinem zwei Jahre alten Auto nicht mehr funktionierte. Die Experten in der Vertragswerkstatt taten so, als wüssten sie sofort, woran es liegt: Die Kühlmittelflüssigkeit müsse ausgetauscht werden. Flugs wurde sie gewechselt. Aber die Klimaanlage tat es auch mit neuer Flüssigkeit nicht.

Dann wurde das Diagnosegerät angeschlossen, ein PC, der über eine Schnittstelle die Software im Auto kontrolliert und die Fehler anzeigen soll. Nun war angeblich das Klimaaggregat kaputt und musste komplett ausgetauscht werden. Das sei selten der Fall, bei einem so jungen Auto, wurde mir erklärt. Die Kosten übernehme selbstverständlich aus Kulanz das Automobilunternehmen. Wie nett. Flugs wurde das Aggregat ausgetauscht. Nur die Klimaanlage funktionierte auch mit dem neuen Aggregat noch nicht.

Jetzt suchte der Mensch in der Werkstatt und nicht das Gerät nach dem Fehler, und siehe da, nach Stunden der Mühen entdeckte man ein kaputtes Kabel. Da gab es nicht viel zu reparieren.

Aber ich musste 350 Euro bezahlen. Nicht nur für das Kabel, sondern auch für die Kühlflüssigkeit. Die hätte so oder so ausgetauscht werden müssen, lautete die Begründung.

Früher, ja, früher zeigte einem der Mechaniker das kaputte Teil, den verrosteten Auspuff, das durchschmorte Kabel. Das war ein befriedigender Anblick. Und heute? Das Geschehen wird virtuell, eine Rechnung unüberprüfbar.

Vielleicht ist auf das Diagnosegerät, das nun an das Auto meiner Freunde angeschlossen wird, mehr Verlass?

Am nächsten Tag erkundige ich mich, wie die Geschichte weitergegangen ist. »Du hattest recht«, sagt mir der elektronikbewanderte Ehemann meiner Freundin. »Der Wagen ist schon wieder in der Werkstatt. Das Diagnosegerät sagt, es sei alles in Ordnung. Mit dem Fehlerprotokoll stimmt alles. Das ist unangreifbar. Wir erleben, der Wagen funktioniert nicht, der Händler sagt, das Diagnosegerät meldet keinen Fehler, also kann nur unsere Wahrnehmung falsch sein. Es habe in diesem Konzern noch nie einen solchen Fall gegeben. Für ihn sind wir Kunden, die wirres Zeug erzählen.«

»Es ist wie in der Medizin: wenn das Diagnosegerät nichts findet, ist der Patient ein Simulant.«

»Und das Vertrauen in die Medizin ist hin«, ergänzt Willi. »Wenn ich früher gesagt hätte, der Motor, der zündet kurz, aus dem Auspuff kommt eine Wolke heraus, dann hätte sich der Mechaniker ernsthaft damit beschäftigt. Aber jetzt macht nichts puff und nichts schrapp, und schon zweifelt man an meinem Verstand.«

»Du hast noch Glück gehabt. Gott sei Dank hat das Diagnosegerät nicht gesagt: Fahrer austauschen!«

Wir lachen. Aber wenn die technischen Errungenschaften zum Maßstab werden, dann ist das der logische nächste Schritt. Das Auto agiert, wie es will, und der Fahrer ist nicht mehr Herr des Geschehens. Das Verhältnis Mensch-Maschine wird auf den Kopf gestellt.

Nicht nur Willi, wir alle stehen ohnmächtig daneben: Da gehen Fenster hoch und runter, ohne dass man weiß, wieso. Da leuchtet das Kontrolllämpchen und signalisiert, der Scheinwerfer strahle nicht mehr, dabei leuchtet er ganz wunderbar. Da zeigt der Bordcomputer in signalroter Farbe an: »Luftfederung defekt, sofort eine Werkstatt aufsuchen«, aber die Werkstatt hat schon fünfmal die Luftfederung kontrolliert – ohne Befund.

Der Bordcomputer wird zum Mäusekino, das Fehler anzeigt, obwohl alles funktioniert, und gar nichts anzeigt, wenn nichts mehr geht.

Fast 40 Prozent aller Autopannen werden durch Elektrik und Elektronik verursacht. Es gibt eben keine Software ohne Fehler. Das lernt jeder Informatikstudent im ersten Semester. Und Software gibt es genug: In einem durchschnittlichen Auto arbeiten heute gut und gerne 60 bis 70 Rechner. Der ADAC hat aus der Computerisierung des Kraftfahrzeug und der Zunahme der elektronischen Pannen seine Konsequenzen gezogen. Früher hatten die »gelben Engel« Hämmer und Schraubenschlüssel an Bord. Heute braucht man Computer für die On-board-Diagnose.

Autos der Sechziger- und Siebzigerjahre waren kompliziert, aber wer sich in die Tiefen einer Motorhaube vorwagte, der durchschaute irgendwann das Zusammenspiel von Anlasser, Vergaser und Motor. Ja, ich erinnere mich noch gut, wie ich in meiner alten Ente einmal den Keilriemen durch eine Nylonstrumpfhose ersetzte. Heute würde ich nicht einmal mehr erkennen, wo der Keilriemen überhaupt sitzt.

Heute sind Autos nicht nur kompliziert, sondern vor allem komplex. Die Zahl der Verknüpfungen ist nicht mehr zu überschauen. 90 Prozent der Innovationen gehen inzwischen auf das Konto der Elektronik. Selbst Mittelklassewagen enthalten heute mehr Rechnerleistung als die Apollo-Mondlandefähre im Jahr 1969. Das Antiblockiersystem, elektronische Stabilitätsprogramme, Navigationsgeräte, elektrische Fensterheber, automatische Abblendspiegel, ja, sogar Regensensoren, die den Scheibenwischer steuern – sie alle sollen das Autofahren sicherer machen und den Komfort erhöhen. Alle diese Steuerungsgeräte brauchen Kabel. Über drei Kilometer lang sind die miteinander verbundenen Kabel in einigen Neuwagen.

Es gibt keine Schraube mehr, die man festdrehen kann, kein Kabel, das man hineinsteckt, wenn es herausgefallen ist. Und weil das alles Ausdruck von stolzen, gigantisch innovativen Ingenieurleistungen ist, erscheint die Technik als unfehlbar.

In den nächsten Wochen erkundige ich mich immer nach dem Auto wie nach einer kranken Person: »Na, fährt er wieder? Was macht das Auto?« Es fährt …

Fünf Wochen nach dem ausgefallenen Zoobesuch allerdings höre ich: Das Auto hatte einen erneuten Totalausfall. Diesmal nur 200 Meter von zu Hause entfernt, nicht mitten auf der Kreuzung.

»Ich bin wirklich sauer«, sagt Willi, »der Spaß an dem neuen Auto ist mir gründlich vergangen.« Er hat sich inzwischen bei Experten erkundigt, ob sie schon einmal von solchen Fällen gehört hätten. »Wie beruhigend, sie kennen viele Fälle. Egal, ob Mittelklassewagen oder obere Preiskategorie – das gibt es bei allen Fahrzeugen. Immerhin habe ich auch Tipps bekommen. Man soll hartnäckig bleiben. ›Nicht Sie sind blöd, sondern das Auto‹, sagte der Experte wörtlich. Ich soll Protokoll führen, die Defekte genau aufschreiben. Wann passieren sie und wo. Interessant war auch, dass der Experte am Telefon auf die Hersteller schimpfte. Sie müssten etwas tun, um die Fehler besser identifizieren zu können, und eine Notlaufeigenschaft garantieren, mit der man wenigstens noch fünf Kilometer weit kommt.

Gute Tipps – sie trösten, aber sie nutzen mir jetzt wenig. Stell dir vor, das Auto bleibt irgendwo stehen, die Kinder auf dem Rücksitz, wir verursachen einen Unfall. Dann muss ich noch beweisen, dass das Auto einen Defekt hatte, obwohl es angeblich keinen hat. Ich bin es jedenfalls leid. Wir haben gefordert, den Kauf rückgängig zu machen«, berichtet der früher stolze Besitzer eines Neuwagens.

»Und?«, frage ich.

»Wir hatten noch etwas Glück im Unglück. Der Wagen blieb ein paar Tage in der Werkstatt, und dem Himmel sei Dank – auch dort gab es einen Totalausfall. Jetzt mussten wir nicht mehr beweisen, dass der Wagen manchmal streikt.«

»Sie haben euch also endlich geglaubt!?«

»Ja, und sie haben einen Spezialisten des Konzerns hinzugezogen. Der wusste aber auch nicht richtig weiter. Man hat sich dann von allen traditionellen Methoden der Reparatur verabschiedet.«

»Das heißt?«

»Man hat alles, vom Zündschloss bis zum Motorraum,

ausgetauscht. Alles was nach Elektronik aussieht, hat man aus dem Wagen entfernt. Kabel, Elektronik, Schalter, Platinen – alles wurde herausgenommen. Man hat das Auto sozusagen entkernt. Nur um den Kauf nicht rückgängig machen zu müssen. Man hat mit Kanonen auf Spatzen geschossen, ohne zu wissen, wo der Spatz sitzt. Der Händler hat zu mir gesagt: ›Da können sie nichts machen, das ist die Elektronik, da stecken wir nicht drin.‹«

Kfz-Mechaniker heißen heute zwar Mechatroniker. Das Berufsbild hat sich verändert, man diagnostiziert Fehler in den immer komplexeren mechatronischen Systemen des Fahrzeugs, behebt diese und sorgt für Betriebssicherheit moderner Kraftfahrzeuge im Interesse der Kunden. So weit die Theorie. Aber in der Praxis mutieren sie zum Teilaustauscher. 13er- und 17er-Schlüssel sind out. Heute ist vieles nicht mehr reparabel, der Mechatroniker liest den Fehlerspeicher und tauscht das entsprechende Bauteil aus.

»In der Werkstatt wurde ich mit dem Satz verabschiedet: ›Das müsste es jetzt wohl gewesen sein.‹ Sie sind sich selbst nicht sicher, ob der Fehler wirklich behoben wurde«, sagt Willi.

Wir sehnen uns beide zurück nach dem Mechaniker mit ölverschmierten Händen im blauen Overall, der Gummi riechen kann, der den richtigen Sound des Motors im Ohr hat, der mit den Fingern spürt, ob aus dem Leck Öl oder Wasser kommt. Ja, ein Mechaniker, der ein Gefühl für das Auto hatte.

Für Willi, den Autofreak, hat diese Erfahrung mit dem neuen Wagen sein Verhältnis zur Technik ins Wanken gebracht:

»Elektronik – lass mich damit in Ruhe. Wenn ich noch einmal ein Auto kaufe, dann werde ich die aufpreispflichtige Sonderausstattungsliste schnell beiseitelegen. Was ich nicht auswähle, kann auch nicht ausfallen. Ich habe keine Lust mehr auf Spielereien. Diese vielen Funktionen werden uns als Fortschritt verkauft. Dabei wäre weniger mehr.«

Wenn es nur die aufpreisigen Spielereien wären. Ich erzähle ihm von einem Kollegen, in dessen neuem Auto serienmäßig eine automatische Parkbremse installiert ist: »Es gibt keinen Handbremshebel mehr, den man nach oben zieht und bei dem man das Einrasten hört und spürt. Stattdessen gibt es nur einen Knopf. Rollt man auf eine Kreuzung zu und tritt man auf die Bremse, dann wird automatisch die Handbremse gezogen, und beim Losfahren wird sie automatisch gelöst. Aber wenn er an einer roten Ampel hält und den Wagen ausmacht, um Benzin zu sparen, dann rollt der Wagen weg, weil die Funktion ausgeschaltet ist. Er flucht über diese Handbremse, weil er immer überlegen muss, in welchem Betriebsmodus er ist. Die Handbremse – wohlgemerkt die Handbremse – überfordert ihn.«

»Ja, früher konnte man in ein Auto einsteigen und losfahren. Man wusste, wie man das Licht einschaltet, wie die Heizung funktioniert oder die Handbremse angezogen wird. Heute braucht man erst einmal eine halbe Stunde, um sich halbwegs zu orientieren.«

Ein unerschöpfliches Thema. Ich erzähle ihm von Freunden, die ein schickes Auto der Oberklasse mit einem intelligenten, innovativen, intuitiven und interaktiven Bedienkonzept besitzen. So steht es in der Werbung. Als ich mit meiner Freundin damit zu einer Veranstaltung fahren und dazu das Navigationssystem benutzen wollte, sagte sie: »Lass bloß die Finger von dem Knopf in der Mittelkonsole, das ist zu kompliziert. Communication, Climate, Entertainment, Navigation steht auf dem Display – Hunderte von Funktionen sind darüber steuerbar.

Da kannst du telefonieren, fernsehen, Radio hören, die Klimaanlage steuern, die Uhr einstellen, die Standheizung programmieren ... nur, ich habe es aufgegeben, das zu bedienen, weil ich immer irgendwas falsch mache.«

Wir haben dann einen Stadtplan genommen, um den Weg zu finden.

Willi und ich überlegen, wo das enden wird. Ob es in Zukunft fahrerlose Autos geben wird? Oder ob man eine zusätzliche Ausbildung absolvieren muss, um die Elektronik zu bedienen? Oder hat die Industrie ein Einsehen, stellt sich auf ihre Kunden ein und verlangsamt den Prozess? Warum zum Teufel muss man die über Jahrzehnte erprobte Handbremse gegen einen Knopf austauschen?

Ich erzähle Willi noch eine wunderbare Anekdote, die ich in der Hauszeitschrift der Firma Siemens gefunden habe.

Da führt ein Enkel seiner Großmutter stolz sein neues Auto vor. Es ist mit Fahrassistenzsystemen aller Art sowie Nachtsichtgerät, Spurwechselassistenz und Notbremsautomatik ausgestattet. Der Enkel erklärt seiner Großmutter, dass man mit diesem Auto keinen Unfall mehr bauen könne. Die Großmutter ist mächtig beeindruckt. Sie könnte so ein Auto nicht mehr fahren. Nein, wirklich, das sei für Menschen ihres Alters viel zu kompliziert.

Nach ein paar Kilometern fängt der Wagen plötzlich an zu holpern. Ein Reifen ist platt. Der junge Mann steht vollkommen ratlos vor dem Auto: »Oma, der Reifen ist platt. Und nun?«

Seine Großmutter lächelt: »Komm, Junge, hol den Wagenheber raus, ich zeig dir, wie man einen Reifen wechselt.«

Wir lachen und sehen für uns noch eine kleine Chance – auch in der Zukunft.

Abenteuer Mikrowelle

Bin ich noch alltagstauglich? Finde ich mich noch zurecht in dieser technikverliebten Welt? Erlebnisse mit Fernsehern, Durchlauferhitzern und Autos lassen Zweifel aufkommen. Deshalb lasse ich mich testen.

Ich sitze in einem Labor einer Hamburger Firma, die ihr Geld damit verdient, Menschen zu beobachten, ob sie die richtigen Knöpfe drücken. An einem Fernseher, an einem Handy, an einem Computer. In diesem Labor prallen Menschen und Maschinen aufeinander. Wie im wirklichen Leben. Nur hier geschieht es unter Aufsicht. Es geht um »usability« – um die Gebrauchstauglichkeit, die Benutzerfreundlichkeit von Geräten.

Meist sitzen die Entwickler der Geräte hinter einer Scheibe – wie bei einem Polizeiverhör. Manchmal spielen sich Dramen ab, wenn nämlich der Mensch im Labor nicht so tickt, wie der Entwickler sich das vorgestellt hat. Dann ist die Enttäuschung groß, die teure Entwicklung gescheitert. Doch solche Tests, bei denen es um die Bedienbarkeit, um die Kundenfreundlichkeit der Geräte geht, sind für Unternehmen und ihre Produkte noch nicht die Regel, sondern eher die Ausnahme.

Heute steht niemand hinter der Scheibe des Labors, der heutige Test hat ein anderes Ziel: Ich will wissen, woran es liegt, wenn ich scheitere an der neuen Digitalkamera, an der neuen Software oder der Fernbedienung.

Es ist 15 Uhr. Die Maschine, auf die ich stoße, ist eine

marktgängige Mikrowelle. Die soll ich bedienen. Obwohl es nur ein Test ist, will ich mich nicht blamieren. Ein bisschen aufgeregt bin ich schon.

Hendrik Wilmanns ist einer der Anwälte der Nutzer bei dieser Hamburger Firma. Er kennt die Geräte und navigiert mich durch den Test: »Gleich vorneweg. Nicht Sie müssen etwas beweisen, sondern das Gerät. Das Gerät soll Ihnen helfen, ans Ziel zu kommen. Zweifeln Sie also nicht an sich selbst. Nehmen Sie ein Scheitern nicht persönlich.« Das hört sich schon mal gut an. So einen Hendrik Wilmanns bräuchte ich auch im Alltag an meiner Seite, immer dann, wenn ich verzweifele, immer dann, wenn ich denke: Bin ich echt zu blöd?

»Versuchen Sie, die Uhrzeit einzustellen.« Das ist die erste Aufgabe, die ich zu lösen habe.

Bevor ich beginne, schaue ich mir das Gerät erst einmal an. »Das sieht aber kompliziert aus«, äußere ich meinen ersten Eindruck. »Es gibt so viele Knöpfe, hier steht ›Auto‹, aber es handelt sich um eine Mikrowelle und nicht um ein Kraftfahrzeug, hier gibt es Sternchen und da regnet es … verwirrend!«

Immerhin hat die Mikrowelle eine Tür mit Glasscheibe – das ist mir vertraut. Auf der rechten Seite befindet sich oben ein großes rechteckiges Display. Darunter sind die mit Symbolen versehenen Funktionstasten angebracht. Links oben findet man einen Knopf mit einem Uhrensymbol darüber. Daneben ein Drehknopf mit Temperaturangaben und weiteren Symbolen, die sich auf den ersten Blick nicht erschließen. Darunter schließen sich vier »Auto«-Programmtasten an.

»Witzig, diese Symbole. Schauen Sie hier, das Rechteck, auf dem eine schlappe Wurst hängt. Was haben schlappe Würstchen in der Mikrowelle zu suchen? Oder steht das Symbol für etwas ganz anderes?«

Fragen über Fragen. Unter den vier Auto-Programmen ist ein Stoppknopf angebracht, damit stoppt man – logisch – das Gerät. In der Mitte befindet sich ein Drehknopf, über dem »kg« steht, dazu ein weiteres Uhrensymbol. Daneben eine Taste, die mit »Clear« bezeichnet wird. Clear – wie löschen oder klären. Etwas höher ist noch ein Knopf. Alles in allem zehn Drucktasten.

»Finden Sie heraus, welche Funktion dieser zehnte Knopf hat«, fordert mich der Experte an meiner Seite auf.

»Ich sehe als Symbol eine Möhre, dann noch eine bunte Möhre. Darunter eine Garnele … oder ist es ein Fisch mit zwei Haaren?« Sicher bin ich mir nicht. »Und das vierte Symbol, das sind eindeutig Eier, oder? Vielleicht gibt es verschiedene Programme für Fische, Gemüse und Eier?«

Was sich auch immer hinter den Symbolen verbergen mag, jetzt geht es erst einmal um die Uhrzeit. Ohne Bedienungsanleitung ist man bei dieser Mikrowelle aufgeschmissen, so viel ist mir schon klar. Auf dem Umschlag der Anleitung lese ich: »Hgndbuch«. Ich glaube es nicht: »Schauen Sie, wie die Handbuch schreiben. Das kann ja heiter werden, wenn die Erklärungen eine ähnliche Qualität haben.«

In dem Hgndbuch wird das Einstellen der Uhrzeit so erklärt: »Sie können die Zeitanzeige wahlweise auf 24- oder 12-Stunden-Zyklus einstellen. Die Taste ›stop‹ drücken, die Taste ›clock‹ drücken.« – »Ob die Clock-Taste die Taste mit der Uhr ist?« Ich drücke beides wie empfohlen. Auf dem Display erscheint die Angabe »c1«. Ich drücke die beiden Tasten noch einmal. Jetzt erscheint »24 h« in dem Mäusekino. Warum erst beim zweiten Drücken? Keine Ahnung.

Weiter im Text: »Den Dial drehen, bis das Display 14 zeigt.« Was ist der »Dial«?

Ich schaue meinen Experten an. Es ist 15.10 Uhr. Aber der Experte an meiner Seite greift noch nicht ein. Ich muss mich allein durch das Mikrowellen-Uhrzeit-Nirwana kämpfen. Ich drehe an dem Knopf mit dem »kg«- und dem Uhrensymbol. Richtig geraten. Auf dem Display tut sich wieder etwas. Es erscheinen Ziffern. Allerdings nur von null bis neun.

»Gibt die erste Zahl die Stunde an?« Ich drehe den Dial, drücke auf die Clock-Taste, an der nicht »clock« steht, betätige sie zweimal, wie in der Anleitung angegeben. »Ich nehme den 12–Stunden-Zyklus, weil ich den 24-Stunden-Zyklus nicht finde. Ist doch egal, oder?«

Ich gehe auf die Zahl 3, drücke dann wieder »stopp« und begreife: Der Stoppknopf ist gleichzeitig der Startknopf, obwohl nur »stopp« daraufsteht. Ich muss also »stopp« drücken, um zu starten. Logisch ist das nicht.

»Hilfe!« Wie von Geisterhand gesteuert, beginnt sich plötzlich die Schale hinter der Glastür zu drehen. Ich versuche das Mikrowellentheater mit Humor zu nehmen: »Früher wusste Bauknecht, was Frauen wünschen, heute macht ein Display sie verrückt.«

Herrgott noch mal. Ich scheitere schon daran, die Uhr einzustellen. Das macht keine gute Laune. Dieses Gefühl, fremdgesteuert zu sein und gar nicht zum Eigentlichen vorzustoßen, kenne ich gut. Man will in zwei Minuten etwas erledigen und ist eine Viertelstunde beschäftigt.

»Ich verstehe das nicht«, gebe ich zu Protokoll, »Dial ist Englisch – das heißt wählen, Clock heißt Uhr. Aber was muss ich wie und wann drücken? Wie sollen sich ältere Menschen damit zurechtfinden? Sind Englischkenntnisse Voraussetzung zur Bedienung einer Mikrowelle? An dem Dial-Knopf steht nicht ›dial‹, da steht nur ein Symbol für Kilo und Uhrzeit. Die Uhrzeit stelle ich mit dem Clock-Knopf an, an dem nicht ›clock‹ steht.«

Ich nehme wieder das Hgndbuch zur Hand, blättere: »Hier: ›Ihr Backofen hat vier Einstellungen zum Auftauen: meat, fish, poultry, frozen vegetables.‹ Learning English with the microwave! Es gibt auch einen steamcook!«

»Die Funktionen kommen noch. Wir sind erst bei der Uhrzeit«, erinnert mich der Usability-Experte an meiner Seite. Er hilft mir nun doch, die Uhrzeit einzustellen, weil ich es nicht schaffe. Es ist 15.20. Er drückt auf »clear«, dann auf die Uhr, dreht am »Dial«, auf dem Display erscheint 3:21 – der 12-Stunden-Zyklus. Er lacht, denn auch er schafft es nicht, die Uhr auf 15:21 zu stellen. Ich lache auch. Wir geben uns mit 3:21 zufrieden.

»Wozu brauche ich eigentlich eine Uhr an einer Mikrowelle?«, frage ich.

»Sie wollen doch wissen, wie viel Uhr es ist, wenn Sie in die Küche kommen, oder nicht?«

Bei mir stimmt »oder nicht«. Denn Uhren habe ich genug. Ich habe eine Uhr in meinem Handy, an meinem Herd, an meinem Radio, in meinem PC, an meinem Fernseher, an meinem DVD-Player und meinem Receiver, an meinem Wecker, an meiner Küchenwaage, an meinem Thermostat – ich habe auch noch eine Uhr am Handgelenk. Ich bin jetzt schon von viel zu vielen Uhren umgeben. Bis ich alle beim Wechsel von Sommer- auf Winterzeit eingestellt habe, habe ich bereits eine Stunde meiner begrenzten Lebenszeit verloren. Ich brauche keine Uhr an der Küchenwaage und auch nicht an der Mikrowelle.

Gerade einmal 20 Minuten sitze ich nun vor dem Gerät, und schon ist unsere Mensch-Maschine-Beziehung nachhaltig gestört, obwohl die Mikrowelle ihre eigentliche Aufgabe noch gar nicht erfüllt hat. Das will Hendrik Wilmanns jetzt ändern: »Garen Sie ein Hähnchen mit Mikrowelle und gleichzeitiger Herdfunktion mit niedrigster Wattzahl und ohne ein Automatikprogramm zu nutzen.«

»Diese Mikrowelle ist ein Herd?!« Ich will damit Speisen nur schnell erhitzen oder auftauen, aber doch nicht kochen? Diese Mikrowelle kann mehr. Deshalb brauche ich wieder das Hgndbuch. Tatsächlich, die Hersteller nennen dieses Ungetüm Herd, weil es grillen sowie mit Unterhitze oder Oberhitze arbeiten kann und darüber hinaus auch eine Mikrowellenfunktion besitzt.

»Ein Hähnchen garen, puh … das ist schwierig. Was halten Sie davon: Es gibt heute einfach kein Hähnchen! Weil ich nicht weiß, wie das geht. Lassen Sie uns essen gehen, oder ich brate stattdessen eins im Backofen. Das schmeckt sowieso besser.« So würde ich im wirklichen Leben reagieren und mich aus der Tyrannei dieses Gerätes befreien. Aber ich bin nicht im wirklichen Leben. Ich teste und werde getestet. Es gibt keine Chance, der Technikhölle zu entrinnen.

Ich nehme mein Hgndbuch zur Hand. »Auto-cook fällt flach, wir wollen keine Automatik, Dampfgaren fällt auch flach …« Ich blättere weiter: »Hier: ›Garen von Speisen im Kombinationsmodus‹. Wer sagt es denn! ›Drücken Sie die Taste stopp/clear.‹«

Inzwischen ist mir die Unlogik vertraut. Wenn ich etwas beginnen soll, muss ich »stopp« drücken. Eigentlich müsste dort »start« stehen und nicht »stopp«. Ich drücke »clear« und es erscheint eine Uhrzeit: 23:44.

»Wie kommt das?«, fragt Wilmanns.

Ich schüttele nur den Kopf. »Wenn ich das wüsste. Das Gerät spinnt, oder ich bin zu blöd.«

Wilmanns lacht: »Schauen Sie, nicht Sie, sondern der Hersteller versagt!«

Ich stelle mir vor, der Entwickler säße hinter der Scheibe. Der müsste rot vor Scham werden. Mit ihm würde ich mich gerne unterhalten. Wie kann man ein solches Gerät entwickeln, mit so vielen Funktionen und Symbolen, die sich nicht selbst erklären. Das würde ich ihnen fragen. Dieses Hightech-Gerät soll mein Leben vereinfachen. Das Gegenteil ist der Fall. Wie kann man die Bedürfnisse der Nutzer so außer Acht lassen?

Aber es sitzt leider kein Entwickler hinter der Scheibe, das Gerät ist schon längst auf dem Markt.

Ich versuche erneut, die Uhrzeit richtig einzustellen. Drehe an dem Dial-Knopf, plötzlich gehen die Ziffern hoch auf 90, ich drücke »clear«, die Mikrowelle beginnt sich zu drehen. Ich zucke zurück. Ich schlage die Hände über dem Kopf zusammen. »Das ist doch alles Banane. Wir wollen doch eigentlich Hähnchen garen und uns nicht mit der verdammten Uhrzeit beschäftigen. Ich soll immer noch ›clear‹ drücken, steht hier. Und: ›Drehen Sie den function.‹ Was ist denn ›der function‹?«

Vielleicht der Drehknopf mit den Gradzahlen? »Function« steht nirgendwo. »Drehen Sie den function, um die Ofen KO-2 auszuwählen.« Ich lache: »Ich kenne nur den K2, und das ist ein Berg im Himalaja.«

»Drehen Sie den function, um KO-2 auszuwählen.« Das muss man sich mal auf der Zunge zergehen lassen. KO-2. Die Einzige, die hier k. o. geht, bin ich.

Was ist KO-2? Welcher Knopf ist das? Ich spiele einfach an dem vermuteten »Function«-Knopf, an dem Gradzahlen und weitere Symbole stehen. »Ob das wirklich der richtige Knopf ist?«, frage ich meinen Helfer. Im Hgndbuch finde ich keine weitere Erklärung.

»Probieren Sie es aus«, antwortet er.

Ich drehe an dem Knopf. Im Display erscheint das Symbol für Grill. Falsch. Jetzt habe ich komplett die

Orientierung verloren. »Wo bin ich? Jetzt leuchtet hier noch ein Licht. Was ist das?«

Ich gehe zurück, drehe noch einmal an dem »Function«-Knopf und probiere die Nachbarfunktion. Auf der Anzeige erscheint »CO-2«. Ich strahle. Im Hgndbuch steht zwar »KO-2« und auf dem Display »CO-2«. Ob das dasselbe ist? Wahrscheinlich.

»Drehen Sie den Dial, bis als Programmdauer 200 Grad angezeigt wird« – ich fasse mich an den Kopf: »Eine Programmdauer kann keine Gradzahl sein …«

Das Gerät bringt mich an meine Grenzen. Nützlich wäre es nur als Spiel: »Testen Sie ihre Frustrationsschwelle mit einem Gerät, das mehr als 250 Euro kostet. Machen Sie sich einen vergnüglichen Abend und seien Sie froh, dass Sie dieses Gerät nicht gekauft haben.« Das Problem ist nur: Es steht nicht in der Spielwaren-, sondern in der Haushaltsabteilung. Da muss etwas schiefgelaufen sein.

Ich gebe auf. Ich habe alles richtig gemacht. Ich habe »den function« gedreht, »KO-2« ausgewählt, ich habe die Gradzahl und die Zeit eingestellt. Die Beschreibung ist mangelhaft, und die Knöpfe und Funktionstasten sind es auch. Es gibt nicht nur »CO-2«, sondern auch Funktionen wie »Efl«, »AZ« … »Drücken Sie den Steam-chef-Knopf« – wo ist der nun wieder? Keine einzige Funktion finde ich problemlos.

Wilmanns versteht meine Verzweiflung: »Nicht Sie schaffen das nicht. Das Gerät und die Anleitung sind idiotisch. Aber Ihr Gefühl, versagt zu haben, ist typisch. Falls Ihnen das hilft: Frauen suchen die Schuld, wenn sie an einem solchen Gerät scheitern, immer bei sich, Männer hingegen geben einfach vor, am Ziel zu sein, auch wenn sie es nicht sind. Die Lösungsraten sind bei beiden Geschlechtern gleich.«

Da bin ich aber froh. Ich bin also gescheitert und war

dennoch erfolgreich. Ich habe die Defizite des Geräts aufgezeigt. In einem Test, mit einem Anwalt der Nutzer an meiner Seite. Aber zu Hause? Da würde ich an mir zweifeln.

Ich schaue auf das Gerät. Für mich ist es eines dieser Technikmonster, die Zeit fressen und Frust bringen. »Was haben sich die Hersteller bei der Entwicklung eines solchen Gerätes gedacht?«, frage ich Wilmanns. »Soll es die eierlegende Wollmilchsau sein?«

Wilmanns lächelt. »Wenn Sie bei Wikipedia im Internet nach ›Wollmilchsau‹ suchen, wird dort als Beispiel ›Mikrowelle mit Grill und Backofen‹ angegeben.«

Aber auch Mobiltelefone werden dort aufgeführt, die Tausende von Funktionen in sich vereinen, oder große Softwarepakete, die für die meisten Nutzer kaum Sinn haben, weil sie nur in der Lage sind, einen winzigen Bruchteil der Funktionen zu nutzen. Es gibt eben viele eierlegende Wollmilchsäue heutzutage …

»Schulnote sechs. Die Mikrowelle ist glatt durchgefallen. Nie, nie und nimmer käme mir ein solches Gerät ins Haus«, sage ich zu Wilmanns.

»Das sehe ich auch so. Die Realität ist aber eine andere: Je mehr Funktionen ein Gerät hat, desto eher greift der Kunde zu, auch wenn er nur drei davon bedienen kann.«

»Dann sind wir Opfer einer falschen Marketingstrategie geworden«, entgegne ich. »Weniger wäre mehr. Wenn die Industrie nicht bereit ist umzudenken, dann müssen wir eben unser Kaufverhalten ändern. Das hat mir ein Medieninformatiker aus München eindrucksvoll erklärt. Er wollte eine Mikrowelle kaufen, um Milch- und Teefläschchen für sein Baby zu erwärmen. Er ging in den nächsten Elektronikmarkt und stand vor einer riesigen Auswahl. Er entschied sich für das billigste Gerät. Zu

Hause musste er dann ebenfalls zuerst die Uhrzeit einstellen, bevor er das Gerät überhaupt in Betrieb nehmen konnte. Auch diese billige Mikrowelle hatte ein Display und sieben Tasten. Als er die Heizleistung anstellen wollte, hat er aus Versehen die Uhrzeit gelöscht, und konnte wieder von vorne beginnen.«

»Und was hat er gemacht?«

»Er hat das Gerät am nächsten Tag zurückgebracht. Begründung: Es sei zu kompliziert. Die Verkäufer haben den Kopf geschüttelt über diesen ›doofen‹ Informatiker, der sicherlich nicht verdächtig ist, technikfeindlich zu sein. Er hat sich stattdessen ein Gerät mit zwei Drehknöpfen ausgesucht. Einen für die Leistung und einen für die Zeit, den man wie eine Eieruhr aufzieht. Das Gerät war übrigens teurer als das erste, obwohl es weniger konnte. Aber das war es ihm wert. Die Mikrowelle ist praktisch, quadratisch, gut, ohne Schickschnack, leicht zu verstehen und stresst nicht.«

»Tja, nur hat sich diese Auffassung noch nicht durchgesetzt. Wir bestehen noch zu selten auf ›einfach‹. Wir erliegen dem Irrtum, wir können nur mithalten, wenn wir den ganzen Unsinn mitmachen.«

Unser Test ist zu Ende. Das Ergebnis ist eindeutig. Die Geräte können immer mehr, aber immer weniger Menschen können damit umgehen. Wilmanns erlebt das jeden Tag. Da scheitern Versuchspersonen an Digitalkameras, weil der Blitz nicht auszustellen ist und alle ihre Fotos überbelichtet sind. Da sind Versuchpersonen nicht in der Lage, mit einem Mobiltelefon zu telefonieren, weil sie die Taste nicht finden, mit der man das Gerät einschaltet. Aber das Handy kann – theoretisch – Mails versenden, im Netz surfen, Musik abspielen, Fernsehsendungen empfangen, wecken, rechnen, fotografieren, organisieren und vibrieren. Da verzweifeln Versuchspersonen an der Online-Bestellung von Fotos, weil sie auf der Maske keine Möglichkeit für die Adresseingabe finden.

Bevor wir uns verabschieden, verrät der Usability-Experte mir noch, was die schlappen Würstchen auf der Mikrowelle bedeuten.

Sie stehen für »Dampfkochen mit Dampfgarhaube«. Da hätte man doch von alleine daraufkommen können, oder?

Vier Wege zu einer Fahrkarte

Bahnhof Rothe Erde. Eine alte Dame steht vor dem Fahrkartenautomaten. Einen Schalter gibt es in diesem kleinen Bahnhof im Aachener Stadtteil Rothe Erde nicht. Die alte Dame steht vor dem Automaten und spricht mit ihm: »Eine Fahrkarte bitte nach Düren.«

Aber der Automat antwortet nicht und spuckt auch keine Fahrkarte aus.

Sie versucht es erneut: »Eine Fahrkarte nach Düren bitte.«

Ich beobachte ihre vergeblichen Versuche, mit dem Automaten in Kontakt zu treten, und spreche sie an: »Soll ich Ihnen helfen? Sie müssen auf den Touchscreen drücken und Ihren Startort und Zielort eingeben.«

»Tatschskrin? Ich dachte, dass ist ein Computer, mit dem ich sprechen kann.«

Die alte Dame ist nicht auf der Höhe der Zeit – eindeutig. Sie ist völlig überfordert mit einer virtuellen Berührungsfläche und der Beantwortung von Fragen wie »Haben Sie eine Bahncard?« oder »Sammeln Sie Bahncomfort-Pluspunkte?«. Das schert die Bahn allerdings wenig. Weil Dienstleistung inzwischen durch Automaten ersetzt wird, muss man sich mit ihnen anfreunden. Egal, wie alt man ist.

Im Zug nach Hamburg sitzt ein Herr neben mir. Ein aufgeschlagenes Notebook liegt vor ihm. Die Schaffnerin kommt und möchte die Fahrkarte sehen. Er reicht ihr einen Computerausdruck, auf der die Zugverbindung steht und wie er gezahlt hat.

»Ich benötige Ihr Onlineticket«, sagt die Schaffnerin.

»Wieso? Das ist mein Ticket«, antwortet er und zeigt auf den Ausdruck. »Ich habe mit meiner Kreditkarte im Internet bezahlt, und das ist der Beleg, dass die Buchung durchgeführt wurde.«

»Ja, aber danach müssen Sie das Onlineticket ausdrucken.«

Die Schaffnerin verrät nicht, dass das Onlineticket nur dann automatisch erscheint, wenn man Pop-ups nicht blockiert hat. Pop-ups sind automatisch aufspringende Werbeelemente oder Kontextmenüs. Da viele Nutzer von unerwünscht aufklappenden Pop-ups genervt sind, verfügen die meisten Browser – also Computerprogramme, die das Betrachten von Websites erst möglich machen – über sogenannte Pop-up-Blocker. Aber nur wenn der Pop-up-Blocker ausgeschaltet ist, erscheint das Ticket automatisch, ansonsten muss man es aufrufen. Dieses Wissen wird von der Bahn vorausgesetzt. Nicht bahnkompatibel ist der, der das nicht weiß.

Erfahrene Onlineticket-Bahnfahrer amüsieren solche Anfängerfehler – das sieht man auch auf den Gesichtern der Mitreisenden, die das Malheur des Herrn ohne Onlineausdruck miterleben.

Doch ist Hochmut wirklich angebracht? Die schnellste und billigste Verbindung zu finden, ist eine Wissenschaft für sich. Aber nicht nur bei der Deutschen Bahn. Auch öffentliche Verkehrsbetriebe können einen zur Weißglut treiben. In Hamburg beispielsweise wird man dumm angeguckt, wenn man fragt: »Entschuldigung, ich bin fremd hier. Ich finde keinen Entwerter für meinen Fahrschein.«

»In Hamburg muss man nicht entwerten, alles, was aus

dem Automaten kommt, ist sofort gültig«, ist die Antwort.

In Berlin allerdings ist das anders. Dort sind nur die Karten, die man – noch – im Bus oder in der S-Bahn kaufen kann, sofort entwertet. Kauft man sie außerhalb, muss man sie erst abstempeln. In Frankfurt muss man auch nicht stempeln, in München schon. In Frankfurt gibt es keine Mehrfachkarten, in München Streifenkarten – wie viele Streifen muss ich abstempeln? Das ist wiederum eine Wissenschaft für sich.

Ein Tag ist ein Tag, möchte man meinen. Aber nein, die Uhren ticken in Berlin anders als in München: Eine Tageskarte in Berlin gilt nicht etwa 24 Stunden, sondern vom Druckdatum bis nachts um drei des Folgetages. Wer also um 20 Uhr abends eine Tageskarte kauft, hat Pech gehabt. Nach sieben Stunden verliert sie ihre Gültigkeit. In München kann man die Tageskarte bis sechs Uhr des Folgetages benutzten.

Das bedeutet aber nicht, dass es in München einfach wäre, ein Ticket zu ziehen. »I wo«, würde der Bayer sagen: Am Flughafen bilden sich an den Schaltern der Münchner Verkehrsbetriebe immer lange Schlangen. Das hat seinen guten Grund: 90 Prozent der Kunden scheitern an den Automaten, weil keiner weiß, was er ziehen soll. Fünf verschiedene Einzeltickets werden angeboten für eins, zwei, drei oder vier Zonen und für die Kurzstrecke. Aber bitte, welche muss man wählen? Ortsfremde blicken nicht durch, und auf dem Automaten gibt es keine Hinweise. Die erhält man an Tafeln, die in einiger Entfernung von den Automaten stehen, und dort ist sehr klein und in perfekter Unübersichtlichkeit das Netz abgebildet: in Ringen, Zonen und Räumen.

Wenn man statt eines Einzeltickets eine Tageskarte lösen möchte – lohnt sich fast immer! –, dann muss man entscheiden, ob man im »Innen-« oder im »Außenraum«, in »München XXL« oder im »Gesamtnetz« fahren möchte. Eine Monatskarte kommt ja nicht in Frage, Gott sei Dank, denn dann müsste man sich nämlich entscheiden, ob man die Karte für zwei, drei, vier … oder sechzehn Ringe kaufen möchte.

Kenner wissen: Mehrere Ringe ergeben eine Zone, und mehrere Zonen sind zu einem Raum zusammengefasst. Aber wer ist schon Kenner?

In den Niederlanden hat man ein Herz für Menschen, die den öffentlichen Nahverkehr benutzen: Mit der »Nationalen Strippenkaart« kann man alle Busse, Straßenbahnen und U-Bahnen im gesamten Land benutzen. Ja, in Amsterdam, Rotterdam, Utrecht und Den Haag gilt diese Karte sogar für den Zugverkehr.

Aber wir sind hier in Deutschland. Hier gibt es nur einen Ausweg aus dem Öffentlicher-Nahverkehr-Fahrschein-Verwirrspiel: Man bleibt zu Hause!

Das lässt sich allerdings auch nicht lange durchhalten. Ich muss zum Beispiel nach Lübeck, um dort an einer Konferenz teilzunehmen, und möchte die Gelegenheit nutzen, drei Tage später meine Verwandten in Kiel zu besuchen. Quizfrage: Wie komme ich zur besten, günstigsten und schnellsten Verbindung? a) im Internet, b) am Automaten, c) beim Telefonservice der Deutschen Bahn oder d) im DB-Reisezentrum?

Ich versuche mein Glück zunächst im Internet. Ich gebe ein: den Startbahnhof Köln, den Zielbahnhof Lübeck, das Datum, die Abfahrtzeit, ein Klick auf »Einfachfahrt«, ein Klick auf »keine Bahncard«, ein Klick auf »ein Erwachsener«, und Klick: schnelle Verbindung suchen.

Wer nicht fit ist in der Bedienung elektronischer Masken, der wird hier schon scheitern. Aber ist das das Problem der Deutschen Bahn?

Ich bin fit. Eins, zwei, drei erscheint die virtuelle Auskunft: Die schnellste Verbindung ist *nicht* die mit dem ICE für 96 Euro, sondern eine Kombination aus IC und EC für 82 Euro. Es gibt auch noch ein »Dauer-Spezial« – für 59 Euro –, dann ist es egal, ob ich den langsameren, aber teuren ICE nehme oder die Kombination aus IC und EC. Allerdings bekommt man solch einen Sparpreis nur bis zu drei Tage vor der Abfahrt. Man muss sich schon auskennen. Darüber wird man nicht automatisch informiert.

Jetzt gebe ich die Verbindung Lübeck–Kiel ein. Der erste Versuch geht schon mal schief. Ich war zu langsam: »Leider konnten Ihre Suchergebnisse zwischenzeitlich nicht mehr gespeichert werden. Wir bitten Sie daher, eine neue Anfrage zu starten.« Also wieder raus aus der Seite und alles noch einmal von vorne.

Lübeck–Kiel. Es gibt viele Verbindungen. Schließlich sind das zwei wichtige Städte in Deutschlands Norden. Aber eine Preisauskunft ist nicht möglich. Die meisten Züge sind nicht buchbar, einige wenige doch, aber ohne dass ich den Preis genannt bekomme. Wieso? Warum? Immerhin werde ich darauf hingewiesen, eine Angebots- und Preisermittlung erfolge im Servicecenter.

Nur was ist, wenn man nicht in einer Großstadt wohnt und das nächste Servicecenter 15 Kilometer entfernt liegt? Bis zu meinem Bahnhof mit Servicecenter sind es Gott sei Dank nur vier Kilometer. Aber Lust habe ich trotzdem nicht, wegen einer simplen Preisauskunft in die Stadt zu fahren.

Ich versuche durch eine erneute Eingabe im Computer herauszufinden, ob ich von Köln über Lübeck direkt nach Kiel fahren kann. Oder kann die Bahn da auch keine Preisauskunft geben?

Ich gebe also die Daten erneut in die Maske ein. Und

siehe da, es klappt. Ich erhalte für eine Fahrt nach Kiel über Lübeck mehrere Angebote. Doch egal welches Ticket ich wähle, ich kann es nicht nutzen, denn ich möchte ja drei Tage in Lübeck bleiben. Wer seine Reise länger als einen Tag unterbricht, muss eine neue Fahrkarte kaufen. Warum eigentlich?

Und dann gibt es auch noch ganz unterschiedliche Preise für die Strecke Köln–Kiel–Lübeck. Ich kann für 82 Euro fahren – das ist genauso teuer wie ein Ticket nach Lübeck. Hinter der Preisinformation steht in Klammern »DB-Anteil«. Was bedeutet das? Kein Hinweis, keine Erklärung. Weitere Preise – wohlgemerkt, für die gleiche Strecke, am gleichen Tag: 87, 90, 96, 104 Euro.

Jetzt fühle ich mich wie die alte Dame, die nur noch Bahnhof versteht.

Wer Abenteuer erleben will, kann Bungee-Sprünge machen, auf Rafting-Tour gehen und dafür viel Geld ausgeben. Dabei ist das Überleben im modernen Alltag genauso aufregend – man muss nur eine Fahrkarte von Köln über Lübeck nach Kiel kaufen.

Bevor ich in die Stadt fahre, versuche ich eine telefonische Auskunft zu bekommen:

Ich rufe beim DB-Reiseservice an. Eine elektronische Servicefee begrüßt mich:

»Herzlich willkommen bei der Servicenummer der Bahn. Zur Sicherung der Qualität können einzelne Gespräche mitgehört werden. Wenn Sie uns bei Gesprächsbeginn einen Hinweis geben, verzichten wir gerne auf diese Aufzeichnung.«

»Nicht aufzeichnen«, sage ich, denn ich halte den Dialog zwischen der Fee und mir für ein Gespräch.

»Ich habe Sie nicht verstanden. Sie befinden sich im Hauptmenü.«

Das war schon einmal falsch. Herrje. Sie meint wohl,

dass ich »nicht aufzeichnen« sagen soll, wenn ich eine reale Person am Telefon habe. Deshalb spricht sie auch einfach weiter: »Ich habe folgende Auswahl für Sie: Drücken Sie bitte die Taste oder nennen Sie mir das gewünschte Stichwort: eins für Reiseplanung, Buchung, die Zwei für Vielfahrer und alle Fragen rund um die Bahncard, die Drei für Kundendialog, Lob, Kritik, Anregungen und Fragen zu Fahrgastrechten, die Vier für weitere Mobilitätsdienstleistungen, die Fünf für weitere Rufnummern der Deutschen Bahn.«

Ich drücke die Eins für Reiseplanung.

»Sie möchten eine Zugreise buchen?« Meine Servicefee hat mich verstanden. Sie will aber keine Antwort und spricht unbeirrt weiter: »Damit ich Sie mit dem entsprechenden Servicemitarbeiter verbinden kann, wählen Sie bitte …« Ich denke an die alte Dame auf dem Bahnhof Rothe Erde. »… die Eins für Reiseservice, die Zwei für Gruppen mit mehr als sechs Erwachsenen oder Schulklassen, die Drei für die Betreuung Mobilitätseingeschränkter oder alleinreisender Kinder, die Vier für Autozug, die Fünf für Fahrrad.«

Ich wähle wieder die Eins.

Die Fee bedankt sich: »Vielen Dank. Ich verbinde Sie jetzt mit dem Reiseservice.« Sphärische Musik erklingt, passend zu einem außerirdischen Wesen. »Bitte haben Sie etwas Geduld, wir sind gleich für Sie da.«

Was bedeutet »gleich«? Ich hänge in der Warteschleife. Nach vier Minuten lande ich in einem Callcenter. »Guten Tag, Susanne Böcker, was kann ich für Sie tun?«

»Guten Tag, ich möchte nächste Woche von Köln nach Lübeck. Und drei Tage später von Lübeck nach Kiel.«

Schnell und kompetent erfolgt die Antwort »Der ICE fährt um 9:11 Uhr und ist 13:12 Uhr in Hamburg. 13:28 Uhr Abfahrt nach Lübeck.«

»Was kostet die Fahrt?«

»86 Euro!«

Ich bin verdattert. Das ist ja teurer, als online zu buchen. »Wieso 86 Euro? Haben Sie automatisch eine Reservierung vorgenommen?«

»Ja, das stimmt. Die kostet vier Euro.«

Eigentlich möchte ich gefragt werden, ob ich reservieren möchte. Aber ich schlucke die vier Euro. »Ist das das Billigste?«, frage ich.

»Nein, es gibt noch einen Sonderpreis. Für 68 Euro, aber der ist zug- und taggebunden«, erfahre ich auf meine Nachfrage.

Warum zum Teufel ist jetzt dieses Dauer-Spezial teurer als das im Internet?, denke ich, aber will gar keine Antwort auf diese Frage. Wichtiger ist mir: »Und nun möchte ich noch von Lübeck nach Kiel.«

»Lübeck–Kiel kann ich Ihnen nicht buchen.«

»Das habe ich auch schon im Internet gesehen. Warum nicht?«

»Da habe ich keine Angaben.«

»Ja, aber warum haben Sie da keine Angaben?«

»Da gilt der SHT.«

»Was bitte? Der SHT?«

»Der Schleswig-Holstein-Tarif.«

Interessant. »Ich wohne in Köln. Das sagt mir nichts.«

»Das heißt: Dafür ist nicht die Bahn zuständig.«

»Die Abkürzung SHT steht für: ›Dafür ist die Bahn nicht zuständig‹? Aber ich fahre doch mit der Bahn, oder?«

»Ja, schon, Sie fahren Bahn, aber es ist eben nicht die Bahn, die das betreibt.«

»Ehrlich gesagt, dass ist mir als Kunde egal.«

»Das mag sein. Ich aber kann Ihnen keine Preisauskunft geben.«

»Ich will es ja nur verstehen«, bitte ich um Aufklärung.

»Sie wohnen in Köln? Das ist wie mit dem VRS – da ist das auch so.«

Was für eine Erklärung. Den VRS (Verkehrsverbund Rhein-Sieg) habe ich auch noch nie verstanden.

Das Gespräch ist zu Ende. 14 Cent pro Minute kostete der Anruf, gut sechs Minuten war ich in der Leitung. Knapp einen Euro muss ich dafür zahlen, dass die lebendige Servicefee mir auch keine Auskunft erteilen kann. Aber was soll man erwarten? Das Preissystem ist kompliziert, verwirrend, undurchsichtig. Kein Wunder, dass es auch Servicemitarbeiter der Bahn AG überfordert. Schließlich sind das ja auch nur Menschen.

SHT, VRS, VRR, MVV, VRM, OE – das sind Abkürzungen für Verkehrsverbünde, Tarifgemeinschaften oder Regionalgesellschaften. Sinn dieser Zusammenschlüsse ist es, dass man in einer bestimmten Region mit ein und derselben Fahrkarte fahren kann. Prima Idee. Das Problem ist eben nur, dass diese Tarifgemeinschaften zum Teil auch für Nahverkehrsstrecken gelten, die von der Deutschen Bahn bedient werden. Und das macht die Sache nicht nur kompliziert, sondern komplex. Gegen komplexe Sachverhalte ist gar nichts einzuwenden, sie müssen nur einfach zu verstehen sein. Und das sind sie Himmel, Herrgott, Sakrament eben nicht.

Eine Studentin möchte mit ihrem Semesterticket von Duisburg zu ihrem Studienort Münster fahren. Von Duisburg bis Recklinghausen benötigt sie eine Fahrkarte, weil ab dort ihr Semesterticket gilt. Bis Recklinghausen gelten die Tarifbedingungen des Verkehrsverbundes Rhein-Ruhr (VRR). Sie fährt von Duisburg bis Münster durchgängig mit einem Regionalexpress, auf dessen Waggons »Deutsche Bahn« steht, aber ihre Bahncard 50 kann sie nicht benutzen, wenn sie sich ein Ticket des VRR kauft. Erwirbt sie stattdessen aber einen Fahrschein bis zum ersten Bahnhof außerhalb des Tarifgebietes des VRR, den sie mit diesem Zug gar nicht erreicht und der auch nicht auf der Strecke liegt, dann kann sie ein Ticket der Deutschen Bahn lösen und ihre Bahncard 50 einsetzen. Das ist billiger. Ab dem virtuellen Bahnhof gilt dann ihr Semesterticket bis Münster.

Wer das jetzt verstanden hat, braucht eine Hochbegabtenprüfung nicht zu scheuen.

Noch undurchschaubarer wird das Ganze, wenn die Studentin von Münster wieder zurück nach Duisburg fährt. Dann kann sie sich sofort das günstigere Bahnticket ab Recklinghausen kaufen, weil es sich um ein Anschlussticket handelt.

Verstehen kann man das nicht, aber wenn man günstig ans Ziel kommen möchte, führt an der intensiven Beschäftigung mit Regionalgesellschaften, Verkehrsverbünden und Ländertickets kein Weg vorbei. Schade, dass diese Gemeinschaften und die Bahn nicht in der Lage sind, ein gemeinsames Preis- und Fahrkartenportal zu erstellen. Den billigsten Flug von Frankfurt nach Trivandrum – wo liegt das? In Südindien! – zu buchen ist kein Problem. Da helfen einem Suchmaschinen im Internet schnell weiter. Das billigste Hotel mit mindestens drei Sternen in Essaouira in Marokko zu recherchieren – kein Problem, das Hotelreservierungssystem weist in Sekundenschnelle sieben Übernachtungsmöglichkeiten aus. Aber ein Sparticket von Bayrischzell nach Wyk auf Föhr – das ist wirklich zu extravagant – ist weder am Automaten noch im Internet buchbar.

Sparen kann man nur, wenn die Strecke durchgehend von der Deutschen Bahn befahren wird. Ist nur eine Regionalgesellschaft dazwischen, geht das nicht. Wenn man aber die Fahrt in Einzelfahrten aufteilt, dann ist wieder möglich, was vorher unmöglich war. Man möchte laut um Hilfe schreien …

Ich fahre nun doch zum Reisezentrum in die Stadt, um dort die Auskunft zu erhalten, die mir das Internet und der Reiseservice verwehrt haben. Doch die Schlangen vor den Schaltern sind so lang, dass ich es erst einmal am Automaten versuche. Ich bediene den Touchscreen.

»Bitte wählen Sie das Ziel oder geben Sie das Ziel per Tastatur ein.« Mach ich. »Bitte wählen Sie ein Angebot, die Reise, Bahncard ›ja‹ oder ›nein‹, die Klasse, das Reisedatum, die Abfahrtzeit, das Verkehrsmittel, alle inklusive ICE, alle außer ICE, als ICE/IC/EC, Ihr Reisedatum. Bitte wählen Sie die Verbindung.«

Früher ist man immer zur Auskunft gegangen. Heute klickt man sich Schritt für Schritt durch das Programm, arbeitet sich durch einen ausführlichen Fragenkatalog an einem Tastbildschirm und weiß dennoch nicht, ob das Gerät die richtige und günstige Verbindung ausspuckt.

Es sind nur 14 Einzelschritte, aber gefühlte 100, bis ich bei der Fahrkarte lande. Oder besser nicht lande. Denn der Automat ist auch nicht viel klüger: Bei den Verbindungen Lübeck–Kiel steht abwechselnd »Verbundtarif« oder »zwei Karten sind erforderlich«. Eine neue Variante.

Immerhin erfahre ich aus den dazwischengeschalteten automatischen Werbeeinblendungen, dass zurzeit in den Bordrestaurants der Bahn AG eine Frühlingssuppe von Ingwer und Karotten für 4,90 Euro angeboten wird. Lecker. Aber was nutzt mir die Suppe, wenn ich nicht einmal weiß, in welchen Zug ich steigen werde?

Ich sehe, wie am Automaten nebenan eine Kundin vergeblich versucht, ihren 20-Euro-Schein in den Automaten zu schieben. Sie streicht ihn glatt. Sie dreht ihn um.

»Warten Sie, ich kann vielleicht mit meinem Schein aushelfen«, spreche ich sie an. Meiner funktioniert. Man hilft sich doch gern an Automaten, wir sind Verbündete im Kampf um eine Fahrkarte.

Eine Studie brachte zutage: 70 Prozent der Kunden gestehen, sie waren schon einmal wütend auf einen Fahrkartenautomaten, ja manche geben sogar zu, »Scheißautomat« gesagt zu haben. Manche schlagen sogar mit der Faust auf den armen Automaten ein oder versetzen ihm einen Tritt. Dabei kann doch die Maschine gar nichts dafür. Da lobe ich mir die alte Dame im Bahnhof Rothe Erde in Aachen. Die war auch verzweifelt, hat aber ihre gute Erziehung nicht eine Sekunde lang vergessen.

Trost finden würde sie bei den Psychologen und Ingenieuren an der Berliner Humboldt-Uni. Sie haben herausgefunden, dass die Hälfte der Kunden den Kauf an einem Automaten der Deutschen Bahn im Berliner Hauptbahnhof abbrechen und es noch einmal neu versuchen. Älteren Menschen fehlt dabei häufig das Basiswissen, um solche Fahrkartencomputer zu bedienen: Was ist ein Touchscreen? Was bedeutet der Pfeil? Was bedeutet die Taste »C«?

In Dortmund bietet die Volkshochschule zusammen mit der Deutschen Bahn Kurse an, bei denen man geschult wird, ein Ticket richtig zu lösen. Das klingt kurios, stößt aber auf eine große Nachfrage. Genauer gesagt, stieß, denn die Bahn hat die Zusammenarbeit mit der Volkshochschule wieder beendet. Die Begründung: In großen Bahnhöfen gäbe es immer mehr Servicemitarbeiter, die beim Bedienen behilflich sind, und die Automaten der neuen Generation sollen in Zukunft alle Kundenwünsche von den Lippen ablesen. Das möchte ich erleben!

VHS-Kurse, gute Automaten, schlechte Automaten. Die Menschen werden automaten-kompatibel gemacht.

Nicht etwa umgekehrt. Eigentlich sollten die Automaten an den Menschen angepasst werden. Aber genau umgekehrt funktioniert unsere verkehrte Welt.

Die Kunden wünschen sich eine Beratung von Mensch zu Mensch. Die Bahn möchte die persönliche Beratung am liebsten komplett durch Automaten ersetzen. Die Zahl der Reisezentren hat man seit 2003 von 1100 auf 400 reduziert. Erst die Hälfte aller Fahrkarten werden bisher an den Automaten verkauft. Wer diesen Anteil steigern will, muss die Kunden fortbilden, damit sie Fragen wie die folgenden eigenständig und ohne Nachfrage beim Personal beantworten können:

Eine Gruppe von sieben Erwachsenen will nach Hamm. Wenn sie alle ein VRR-Ticket haben, ist dann das SchönerTagTicket NRW oder ein Zusatzticket preiswerter?

Wie gelangt man am günstigsten von Köln nach Kassel? Ein Hinweis: Bis zu 53 Euro kann man sparen, wenn man das richtige Ticket bucht.

Welche Verbindung ist die schnellste von Berlin nach Paderborn? Die schnellste mit dem ICE ist dabei nicht die schnellste bis zum Zielort.

Ich stehe inzwischen in der Schlange im Reisezentrum, um eine persönliche Beratung durch einen DB-Mitarbeiter zu erhalten. Irgendwann ist es so weit. Ich äußere meinen Wunsch, von Köln nach Lübeck und dann später weiter nach Kiel fahren zu wollen.

Eine leibhaftige Dame bedient mich. Sie sitzt vor dem Screen. »Also, bis Lübeck kostet die normale Fahrkarte 82 Euro, aber es gibt auch noch einen Sparpreis. Der beträgt 54 Euro.« Schnell erteilt sie mir Auskunft. Ich bekomme es sogar ausgedruckt. 54 Euro. Fünf Euro billiger als im Internet für die gleiche Verbindung und den gleichen Tag.

Ob es daran liegt, wann man ins Internet schaut? Ich habe dort gestern recherchiert … Ich weiß es nicht und will es auch gar nicht mehr wissen.

»Und wie geht es weiter nach Kiel?«

»Da kann ich Ihnen keine Auskunft geben. Das ist ein Verbundtarif. Da müssen Sie da gucken!«

»›Da‹? Wo muss ich denn gucken?«

»Im Internet.«

Eine Webadresse kann sie mir nicht geben. Aber immerhin einen Hinweis: »Auf dem Abfahrtsgleis in Lübeck stehen Automaten. Da können Sie ganz einfach eine Fahrkarte ziehen.«

Ganz einfach! Ich denke an die alte Dame in Aachen Rothe Erde. Nein, ich werde nicht mit dem Automaten sprechen. Ich bin jetzt geschult.

Eine Woche später bin ich schlauer: Der Fahrschein kostet 15,70 Euro über Bad Schwartau und Eutin. Mit Bahncard 11,80 Euro. Warum nun für diese Strecke die Bahncard gültig ist, obwohl doch dort der Schleswig-Holstein-Tarif gilt und nicht die Bahn AG fährt, auch wenn ich in einem Waggon der Deutschen Bahn sitze – nein, das habe ich nicht verstanden. Kann man das überhaupt verstehen?

Die Quizfrage allerdings, die kann ich jetzt beantworten: Wie komme ich an den besten, günstigsten und schnellsten Fahrschein? a) im Internet, b) am Automaten c) beim Telefonservice der Deutschen Bahn oder d) im DB-Reisezentrum?

In diesem Fall war es d) im Reisezentrum. Aber wahrscheinlich ist das auch nicht immer so, beim nächsten Mal kann es ganz anders sein …

Über Daus und Deps – der Crash zwischen Mensch und Maschine

Ich, du, er, sie, es, wir, ihr, sie – wir alle sind DAUs, dümmste anzunehmende User. Ein Dau ist eine Person, die große Denk- und Anwendungsfehler macht.

Die Wortschöpfung »Dau« haben wir der Informationstechnologie zu verdanken – in Anlehnung an den auf Atomkraftwerke gemünzten Begriff »GAU« (größter anzunehmender Unfall).

Menschen, die sich von ihrem Computer nicht verstanden fühlen, ihn sogar beschimpfen, schlagen oder zertrümmern – das sind Daus. Daus gelingt es auch, mit ihrem neuen Auto stehen zu bleiben, das doch gar nicht stehen bleiben kann. Andere dumme Nutzer sind nicht in der Lage, einem Bahnautomaten einen Fahrschein zu entlocken, möchten deshalb einen Kurs belegen, der aber nun wiederum abgeschafft wird, weil nicht sein kann, dass man einen Kursus braucht, um einen Automaten zu bedienen.

Daus eben – dümmste anzunehmende Nutzer.

Sie verzweifeln an Wireless-Lan-ISDN-DSL-Modem-Routern, gehen vor ihren DVD-Rekorder regelmäßig auf die Knie, weil der ihr Anliegen partout nicht verstehen will, und brauchen an einer simplen Körperwaage 15 Minuten, um den An-Knopf zu finden. Das macht einen krank – in den Niederlanden hat man dafür schon einen eigenen Begriff gefunden: »technology-related anger«.

Die Generation über sechzig hat schon lange den Eindruck, von technischen Entwicklungen abgehängt zu sein und nicht mehr mithalten zu können. Nach dem Motto: Wer im 21. Jahrhundert keinen Enkel hat, ist aufgeschmissen. Der Vorteil, den diese Generation allerdings genießt: Sie darf das äußern. Niemand nimmt es ihr krumm, weil sie schließlich zu »alt« ist, um noch an der technologischen Entwicklung teilzuhaben.

Aber alle, die zwischen vierzig und sechzig Jahre alt sind, stehen unter Druck. Sie müssen Schritt halten mit der Digitalisierung, mit der Vernetzung, mit dem World Wide Web und der Flut an Informationen und Veränderungen, die auf sie einströmt.

Sie möchten und müssen umgehen mit den ständig neuen Technologien, die vorgeben, das Leben zu vereinfachen, aber gleichzeitig ein Gefühl des Scheiterns erzeugen, wenn man sie nicht beherrscht – wo doch alle um einen herum vorgeben, sie kämen prima klar und würden nie scheitern.

Die erste Generation, die von klein auf mit den neuen digitalen Technologien aufgewachsen ist, sind die Geburtsjahrgänge 1980 plus. Computerspiele, Internet, Handys wurden ihnen fast mit in die Wiege gelegt und führen zu einem selbstverständlichen Umgang mit der digitalen Welt – sofern dieses IT-Lernen vom Elternhaus ermöglicht und finanziert werden konnte.

Parallel verändern sich das Denken, die Denkstrukturen und -muster. Der amerikanische Pädagoge und Manager Marc Prensky hat den Begriff des »digital native« geprägt. Solche digitalen Eingeborenen sind in der Lage, Informationen schnell zu kodieren und zu verarbeiten, ihre sozialen Fähigkeiten und ihr logisches Denkvermögen sind hingegen nicht so stark ausgeprägt wie bei digitalen Einwanderern – denen, die sich erst als Erwachsene mit den neuen Technologien beschäftigen. Anders ausgedrückt: Der ständige Umgang mit der Informationstechnologie hat Einfluss auf die Hirnentwicklung.

Digitale Einwanderer haben nicht das neuronale Rüstzeug, sich eins, zwei, drei auf die Erfordernisse der digitalen Welt einzustellen. Da ist man sozial kompetent und in der Lage, in größeren Zusammenhängen zu denken – doch spätestens dann, wenn man sich im Geheimen fragt, ob man zu blöd ist, die gerade erworbene Hightechanlage zu bedienen, weiß man: Man gehört zu den digitalen Einwanderern und ist dazu noch ein Dau.

Man bewundert Menschen, die sich in diesem Zeitalter der Komplexität zurechtfinden, und blickt fasziniert zu solchen Expertencliquen und Freaks empor, denen die galoppierende Spezialisierung keine Schweißperlen auf die Stirn treibt.

Man selbst hingegen fühlt sich antiquiert, überholt, nicht mehr zeitgemäß.

Nun kann man einwenden, dass dieses Problem mit dieser Generation aussterben wird. Diese Hoffnung dürfte sich aber zerschlagen, denn die Entwicklung stoppt ja nicht, sondern geht permanent und in höherem Tempo weiter. Die Jüngeren von heute sind die Alten von morgen. Denn Technologie – so der Merksatz des Ingenieurpsychologen Hartmut Wandke von der Berliner Humboldt-Universität – ist alles das, was erfunden wurde, nachdem du geboren wurdest.

Das Problem bleibt also bestehen – und ist nicht neu.

Schon Mitte des 20. Jahrhunderts setzte sich der Philosoph Günther Anders (»Die Antiquiertheit des Menschen«) intensiv mit der Beziehung zwischen Mensch und Maschine auseinander. Für ihn war schon damals erkennbar, dass die Diskrepanz zwischen der Leistungsfähigkeit des Menschen und der seiner Geräte immer größer wird. Der Mensch – so seine These – erzeugt

Geräte, die in ihm selbst das Gefühl entstehen lassen, rückständig zu sein, weil er sie nicht mehr bewältigen und bedienen kann. Der Philosoph konnte nicht ahnen, wie richtig er damit lag: Siemens ist dabei, Telefone zu entwickeln, die so intelligent sein werden, dass sie selbstständig miteinander kommunizieren. Der Mensch steht dann tölpelhaft vor einer solchen perfekten Telefonanlage und fühlt sich eingeschüchtert durch die Überlegenheit und Übermacht dieses kleinen technischen Geräts. Günther Anders hat dieses Gefühl schon vor 50 Jahren in seiner »Molussischen Industriehymne ›An die Zahnräder‹« ausgedrückt:

Täglich steigt aus Automaten
Immer schöneres Gerät
Wir nur bleiben ungeraten
Uns nur schuf man obsolet.

Stolz auf die technische Entwicklung kann nur eine kleine Minderheit sein: die der Forscher, Erfinder, Experten, die die Komplexität dieser Geräte noch verstehen, ihr nicht ausgeliefert sind und sie wirklich beherrschen. Die stehen vor einem Smartphone der neuen Generation und sagen: »Toll, was wir da geschaffen haben.« Der neue Benutzer des smarten Handys fühlt sich erst einmal höchst ungemütlich und stellt eher besorgt fest: »Mein Gott, was das alles kann!«

Der Crash zwischen Maschine und Mensch ist aus der Geschichte der Informationstechnologie zu erklären: Bis in die Siebzigerjahre standen die professionellen Großrechnersysteme im Vordergrund. Die Nutzer waren gleichzeitig auch die Entwickler. Der Durchbruch zur massenhaften Nutzung geschah erst in den Achtzigerjahren – mit dem Personal Computer, dem PC. Einzige

Schwierigkeit: Nun sollten plötzlich Menschen einen Computer bedienen, die nichts von seinem Innenleben wussten. Das heißt, die Entwickler waren plötzlich gefordert, an Kreti und Pleti zu denken, die keinerlei IT-Kenntnisse hatten. Die Mensch-Maschine-Schnittstelle wurde zu einem Problem.

Wenn man heute ein technisches Gerät in die Hand nimmt, dann befindet man sich genau an dieser Mensch-Maschine-Schnittstelle. Und wenn an dieser Stelle etwas schiefgeht, dann wird man zum Dau.

Hinzu kommt die mit den neuen Technologien verbundene Beschleunigung. Das Internet, das World Wide Web, hat unseren Alltag in einem Tempo revolutioniert, für den zu anderen Zeiten die Menschheit 500 bis 1000 Jahre gebraucht hat.

220 Milliarden E-Mails werden heutzutage täglich um die Welt geschickt, 90 Prozent davon Spam.

Drei Milliarden Handynutzer gibt es weltweit, 1997 gab es 50 000 Web-Domains in Deutschland, heute sind es 13 Millionen.

Früher verschickte man in der ganzen Woche nicht so viele Briefe, wie man heute in einer Stunde an E-Mails beantwortet.

Früher telefonierte man von zu Hause, heute wundert man sich nicht einmal mehr, wenn jemand auf der Straße mit sich selbst redet: Der ist nicht irre, sondern nur auf der Höhe der Zeit. Er telefoniert!

Beides zusammen – die technische Entwicklung und die Zunahme der Geschwindigkeit – bestimmen unseren Alltag.

Die ersten Mobiltelefone, die Anfang der Neunzigerjahre auf den Markt kamen, konnten telefonieren. Mehr nicht. Dafür waren sie so groß wie Wackersteine und auch ebenso schwer. Heute wiegt ein Handy noch

100 Gramm. Solch ein Leichtgewicht beheimatet heute eine irrwitzige Anzahl von Komponenten, Funktionen und Merkmalen, die auf vielfältige Weise miteinander verbunden sind. Ja, das ist schon etwas anderes als ein Festnetztelefon der Achtzigerjahre, das in Grau, Orange, Schwarz und Grün zu haben war, über eine Drehscheibe verfügte und an einem Kabel hing.

Sicher, auch das hätte nicht jeder auseinander- und wieder zusammenbauen können, so ein Telefon war auch damals schon ein kompliziertes Gerät, aber man konnte den Kabelbruch spüren, die kaputte Buchse sehen und die falschen Geräusche hören. Der Fernmeldemechaniker hatte den Durchblick.

Nicht anders war es mit Autos. Am Wochenende lagen die Jungs unter ihrem alten VW Käfer oder Renault 4. Sie schraubten, löteten und reparierten ihre Karre. Die heutigen mikroelektronischen Geräte berauben uns unserer Sinneseindrücke, sie sind wie eine Blackbox, deren Wirkungsweise man nicht mehr sieht, hört und schon gar nicht mehr versteht. Wir blicken einfach nicht mehr durch.

Jedermann ist Opfer des virtuellen Eigenlebens vieler Produkte – als Konsument, als Verwender, als Verkäufer, als Handwerker.

Komplexe Systeme bestehen aus einer so großen Anzahl von einzelnen Komponenten, die auch noch auf vielfältige Weise miteinander vernetzt sind und unvorhersehbare Eigendynamiken entwickeln, dass sie für den Einzelnen nicht mehr durchschaubar sind. Wenn zum Beispiel ein DSL-Anschluss nicht die gewünschte und auch bezahlte Geschwindigkeit bringt, bringen die Fachingenieure die unterschiedlichsten Erklärungen für dieses »Phänomen« vor, aber sie können einem nicht wirklich weiterhelfen.

Nicht nur solche Alltagserfahrungen lehren uns, dass die moderne Welt immer komplexer wird, sondern auch wirtschaftliche und politische Zusammenhänge entziehen sich immer mehr der Kontrolle. Ein aktuelles Beispiel ist der Finanzmarkt: Ein System, das die Banker und Anlageprofis angeblich voll im Griff hatten, entwickelte 2007/2008 eine Eigendynamik, die fast zum totalen Zusammenbruch der Weltwirtschaft führte. Der einzelne Kunde durchschaute Anlageformen wie Derivate nicht und vertraute den Experten. Die wiederum gaben vor, durchzublicken, was aber gelogen war. Ein riesiger Topf mit schlechten Hypothekenkrediten wurde in vielen Zwischenschritten in gute Kredite verwandelt – so als ob man aus gepanschtem Wein einen Grand Cru macht. Diese Papiere wurden dann von den Ratingagenturen mit den Bestnoten bewertet und weltweit verkauft. Die Banker wiederum kauften fleißig den Grand Cru, der aber – wie gesagt – nichts als gepanschter Wein war, weil sie sich blind auf die Benotung der Agenturen verließen. Die angeblichen Experten waren nicht mehr in der Lage, die komplexen Transaktionen auf den Märkten nachzuvollziehen. Das Unheil nahm seinen Lauf.

Und was haben die Banker daraus gelernt? Nichts. Sie bieten – als sei nichts geschehen – weiter hochkomplexe Finanzprodukte an, die weder sie selbst noch die Anleger verstehen.

Der Verkehrsstau ist für den Techniksoziologen Johannes Weyer von der Technischen Universität Dortmund ein anderes gutes Beispiel für ein komplexes System: Jeder Fahrer versucht sein Ziel zu erreichen, er beachtet die Verkehrsregeln, fährt rücksichtsvoll. Und dennoch kann das Verhalten aller Autofahrer zusammen einen Verkehrsstau bewirken, ohne dass es auf dem Autobahnabschnitt eine Baustelle oder einen Unfall gibt.

Komplex sind auch die Strukturen und Reformen unserer Sozialversicherungssysteme. Wie errechnet sich beispielsweise die eigene monatliche Rente? Ganz einfach?

»Der Monatsbetrag der Rente ergibt sich, wenn die unter Berücksichtigung des Zugangsfaktors ermittelten persönlichen Entgeltpunkte, der Rentenartfaktor und der aktuelle Rentenwert mit ihrem Wert bei Rentenbeginn miteinander vervielfältigt werden.«

Selbst Experten gestehen unter der Hand, dass sie die Details der Veränderungen der Veränderung der Veränderung nicht mehr verstehen, dass sie zwar guten Willens Reformen schaffen, von deren Auswirkungen sie dann aber durchaus kalt erwischt werden.

Unsere Gesellschaft scheint durch immer stärker ausdifferenzierte und komplexe Bereiche geprägt zu sein, die nach ihrer eigenen Logik funktionieren und sich kaum noch von außen steuern lassen. Gesellschaftliche Systeme sind so tendenziell unregierbar geworden.

Und dann stehen wir vor einem Warmwasser liefernden Durchlauferhitzer und glauben, wir seien zu blöd. Dabei ist ein solches Scheitern im Kleinen nur ein Beispiel für ein Charakteristikum unserer Epoche: Egal ob es sich um einen Störfall in einem Atomkraftwerk oder den Absturz der Concorde handelt, immer ist es »menschliches Versagen« – nie die zu komplexe Technik.

Technologieforscher, Soziologen, Psychologen und Wirtschaftsforscher sehen den alltäglichen Ärger mit der technischen Gerätschaft als Vorboten eines technologischen GAUs, in dessen Folge der Mensch nicht mehr Herr der von ihm benutzten Dinge ist.

»Kann nicht einer einmal die Bremse ziehen?«, möchte man rufen. Doch dieser Wunsch wird nicht in Erfüllung gehen.

Ich will keineswegs der Maschinenstürmerei das Wort reden. Viele technische Entwicklungen möchte man nicht missen, sie stellen eine Bereicherung unseres Lebens dar, aber die mangelnde Bedienbarkeit, die Komplexität der Geräte und Systeme führt uns mehr und mehr an Grenzen. Anders ausgedrückt: Es darf ja komplex sein, solange man davon nichts spürt.

Doch genau so ist es nicht. Egal, ob Auto, Bahnautomat oder Computer – die Mensch-Maschine-Schnittstelle erleben wir immer häufiger als Schwachstelle. Das ist nicht gottgegeben, sondern liegt an der Selbstverliebtheit vieler Entwickler, die immer noch immer größere Funktionspakete zusammenschnüren. Sie glauben zu wissen, was der Nutzer will, und irren sich doch umfassend. Würde man heute eine Heftzwecke erfinden, dann hätte sie wahrscheinlich zwei Motoren, eine Batterie und ein Display, wäre gleichzeitig auch Uhr und Wecker und würde mit einer Bedienungsanleitung aus Korea geliefert.

Der Ingenieurpsychologe Hartmut Wandke fragt sich, warum Ingenieure immer noch vom System her und nicht vom späteren Nutzer her denken. Das wundert in der Tat, denn der amerikanische Kognitionswissenschaftler und Informatiker Donald Norman hat schon in den Achtzigerjahren Grundsätze entwickelt, die bei der Entwicklung von Gegenständen zu beachten sind. Norman gilt als Vater der sogenannten Usability-Forschung, also der Wissenschaft von der Gebrauchstauglichkeit und Benutzerfreundlichkeit von Geräten.

Für Norman muss das mentale Modell stimmen. Im Kopf gespeichertes Wissen sollte genutzt werden. Wenn man bei einem Radio den Drehknopf von links nach rechts dreht, dann wird die Musik lauter, und wenn der Drehknopf am Ende ist, ist auch die maximale Lautstärke erreicht – ein einfaches mentales Modell, dass es dem Nutzer leicht macht, auch ein neuartiges Gerät zu benutzen, das demselben Prinzip folgt.

Handlungen sollten außerdem sichtbar gemacht werden. Das ist beispielsweise optimal gelöst, wenn die Bildoberfläche eines Computers so konzipiert ist, dass alles, was gelöscht wird, mit der Maus in einen Papierkorb geschoben wird. Die Auswirkung der Handlung ist sichtbar und leicht zu interpretieren.

Entwickler sollten auch die räumliche Orientierung nie außer Acht lassen. Ein schlechtes Beispiel ist die Suchfunktion beim Browser von Firefox. Man klickt oben auf einen Button, und unten in der Rahmenliste öffnet sich ein kleines Feld. Benutzer, die zum ersten Mal mit diesem Browser arbeiten, werden das Suchfeld nicht finden. Der Zusammenhang mit dem Button oben wird nicht erkannt.

Wenn der Nutzer jederzeit imstande ist zu sagen, was er gerade tut und was das System macht, das er benutzt, dann ist das Design gelungen. Eine kurze Anleitung reicht aus. Umfangreiche Bedienungsanleitungen sind meistens ein Zeichen für schlechte Gebrauchstauglichkeit.

Usability-Forscher versuchen Grundlagen, Bedingungen, prinzipielle Eigenschaften des menschlichen Denkens zu ergründen und daraus Konzepte zu entwickeln, wie Geräte besser gestaltet werden können. Hartmut Wandke und seine Mitarbeiter haben zum Beispiel einen Fahrkartenautomaten entwickelt. Der Kunde muss sich nicht mehr der Systematik des Automaten unterwerfen, umgekehrt wird ein Schuh daraus.

Der Kunde wird gefragt: »Wer will fahren?«

Antwort: »Ich und meine Tochter.«

Zwei Fahrkarten sind nun auf der Bildschirmoberfläche zu sehen.

Die zweite Frage: »Wohin wollen Sie fahren?«

Antwort: »Nach München.«

Jetzt ist das Ziel auf die Fahrkarte gedruckt.

Dritte Frage: »Wann wollen Sie fahren?«

Es geht munter weiter ... bis die Fahrkarte komplett gestaltet ist und ausgedruckt wird.

Die Usablity-Forscher wissen: Wenn man auf natürliche Frage-Antwort-Dialoge zurückgreift, funktioniert die Mensch-Maschine-Beziehung besser. Das leuchtet sofort ein.

Neben den Forschern, die bei der Neuentwicklung auf Gebrauchstauglichkeit achten, gibt es auch Berater, die den Nutzwert von bereits entwickelten Produkten testen. Einer von ihnen ist Tim Bosenick, der sich als Anwalt der Nutzer versteht und Firmen davon überzeugen will, Geräte nicht am Kunden vorbeizuentwickeln. Wenn seine Firma Produkte testet, schaut der Entwickler häufig zu, wie ein Kunde im Labor an dem neuen Navigationsgerät verzweifelt oder an dem Hightech-Handy vergeblich das Batteriefach zu öffnen versucht.

Noch ist die Kommunikation zwischen Verbraucher und Produzent mangelhaft. Selten werden die Kunden in die Entwicklung mit einbezogen. Usability-Forscher sind sich aber einig, dass eine Gestaltung, die ohne den Kunden gemacht wird, auf Dauer nicht erfolgreich sein kann.

Technikfrust ist inzwischen ein ernst zu nehmendes Phänomen. Manche Firmen haben das begriffen und gehen inzwischen einen anderen Weg.

Der iPod der Firma Apple gilt hierbei als Vorzeigemodell. Der US-Konzern ist ein Vorbild in der Branche, weil er als einer der ersten verstanden hat, dass Technik dem Benutzer dienen soll und nicht umgekehrt. Der tragbare Mediaplayer überzeugt durch seine einfache

Funktionsweise. An, aus, blättern, Vorlauf, Rücklauf, Stopp, laut, leise, alles auf einem Rad angebracht – mehr Funktionen findet man nicht.

Das Radio »Tivoli« von Henry Kloss begeistert, weil es ganz und gar nicht mit Funktionstasten überladen ist. Lautstärke, an/aus, Sendewahl – drei Knöpfe, die man von links nach rechts dreht. Das ist schlicht, einfach und gut.

Die Firma Philips beschäftigt inzwischen Psychologen und Soziologen, um Prozessabläufe zu erforschen und um herauszufinden, wie Anwender ticken. So wird beispielsweise in hauseigenen Usability-Labors getestet, wie man Käufern von Fernsehapparaten die Ersteinstellung erleichtern kann. Siemens *betreibt* Usability-Labore in Peking, Princeton und München, in denen Psychologen, Ingenieure und Designer Hand in Hand arbeiten. Bei der Gestaltung neuer Küchengeräte werden Nutzer eingeladen, bei der Entwicklung von Software für medizinische Großgeräte hat man Ärzte an der Entwicklung beteiligt.

Es ist also etwas in Bewegung geraten …

Für einen Usability-Experten ist klar, welche Eigenschaften gute Geräte haben sollten:

Sie sollten sich intuitiv bedienen lassen – am besten ohne Bedienungsanleitung. Je stärker sich die Bedienung an der natürlichen Umwelt orientiert, desto besser. Wenige Knöpfe und Funktionstasten sind eine Freude, viele ein Ärgernis.

Die wichtigsten Funktionen will der Nutzer leicht finden können. Funktionen, die man nur einmal im Jahr braucht, sollten in untergeordneten Menüpunkten verschwinden, weil der Technikfreak etwas anderes erwartet als die berufstätige Mutter oder der 68-jährige Rentner ohne PC-Erfahrung.

Geräte sollten nur eine Sache gut können. Das elektronische Buch beispielsweise ist ein elektronisches Buch. Nicht mehr und auch nicht weniger.

Und: Technik sollte Spaß machen. Das macht nicht nur die Anwender glücklich, sondern letzten Endes auch die Unternehmen, weil zufriedene Kunden gute Kunden sind.

Wichtig ist, sich selbst zu fragen, ob man das Gerät wirklich braucht. Simpel ist oft besser als kompliziert. Wenn der Fernseher angeblich auch zum Rasieren geeignet ist und auch als Bohrmaschine genutzt werden kann, spätestens dann sollte man innehalten. Für viele Funktionen gibt es andere, bessere Geräte.

Bislang sind die Kunden süchtig nach Funktionen, je mehr, desto besser. Andererseits beklagen sie, die Funktionen nicht handhaben zu können. Verbraucher gestalten den Trend also selbst mit, den sie kritisieren. Wer sich einen PC mit Vierkern-Prozessor, 512-Megabyte-Grafikspeicher und HDMI-Anschluss, Multiformat-DVD/CD-Brenner und SATA-Anschluss, externer Festplatte HDDrive2go Ultra Speed kauft, weil es ein High-End-Gerät ist, sich aber anschließend beklagt, dass er mit dem größten Teil der angebotenen Technik und Programme nichts anzufangen weiß, ist selbst schuld.

Man kann dem Gefühl, das Gerät sei einem überlegen, entgehen, wenn man beim Kauf auf Einfachheit und einfache Bedienung achtet. Acht von zehn Funktionen sind schließlich nur Blendwerk und Tand.

Der Medieninformatiker Andreas Butz von der Münchner Ludwig-Maximilians-Universität ist dafür ein gutes Vorbild. Er beschäftigt sich professionell mit der Schnittstelle zwischen Mensch und Maschine und überträgt seine Erkenntnisse auch auf seinen Alltag. Die Mikrowelle tauschte er um, weil er das Display zu kompliziert fand. Wenn ein Experte sich das traut, dann sollten wir uns dabei auch nicht blöd vorkommen. Butz und seine Frau besitzen übrigens auch das gleiche Handy – Ladekabel, USB-Schnittstellenkabel, alles ist austauschbar. Sie bleiben einer Firma treu, weil das Umgewöhnen auf ein neues Produkt verschwendete Zeit wäre.

Bleibt noch der Preis. Auch den sollte man sich genau anschauen. Preiswert ist gut, billig oft nicht. John Ruskin, englischer Schriftsteller, Maler und Sozialphilosoph, hat schon um 1900 das Gesetz der Wirtschaft aufgestellt: »Es gibt kaum etwas auf dieser Welt, das nicht irgendjemand ein wenig schlechter machen und etwas billiger verkaufen könnte, und die Menschen, die sich nur am Preis orientieren, werden gerechte Beute solcher Machenschaften. Es ist unklug, zu viel zu bezahlen, aber es ist noch schlechter, zu wenig zu bezahlen. Wenn Sie zu viel bezahlen, verlieren Sie etwas Geld, das ist alles. Wenn Sie dagegen zu wenig bezahlen, verlieren Sie manchmal alles, da der gekaufte Gegenstand die ihm zugedachte Aufgabe nicht erfüllen kann. Das Gesetz der Wirtschaft verbietet es, für wenig Geld viel Wert zu erhalten.«

Dass vermeintliches Sparen sich rächen kann, kann ich bestätigen. Beim Kauf des elektronischen Durchlauferhitzers im Internet wollte ich sparen. Die zusätzlichen Kosten und Nerven, wieder warmes Wasser zu erhalten, hätte ich teilweise vermeiden können, wenn ich nicht nur auf den Preis, sondern auch auf den Service geachtet hätte. Die Folgekosten im Blick zu haben ist unabdingbar geworden in dieser komplexen Welt.

Egal aber, wo man scheitert, eines sollte man ganz gewiss nicht tun: den Fehler (nur) bei sich selbst suchen. Nicht wir sind blöd, nicht wir sind die Daus, sondern meist ist das Gerät der Dep – ein *d*umm *e*ntwickeltes *P*rodukt!

Fernsehen mit Atemübungen

Zu Beginn der Recherche für dieses Buch befürchtete ich: Wenn ich meinen Alltag selbstkritisch begleite, nach absurden Geschichten suche – gerade dann wird mir wenig passieren. So wie ja Zähne nie wehtun, wenn man beim Zahnarzt ist, oder das Auto keine Geräusche macht, wenn man in die Werkstatt fährt. Wer auf Katastrophen wartet, erlebt bekanntlich keine.

Ich werde eines Besseren belehrt. Eines Abends – fünf Wochen nenne ich den neuen Flachbildfernseher mit Ambilight mein Eigen – möchte ich mich wieder einmal mit brillanter Bild- und Tonqualität verzaubern lassen. Aber heute zaubert der Fernseher gar nichts. Kein Bild, kein Ton. Nur ein kleines Licht blinkt beständig. Das sieht nach Alarm aus. In einem solchen Fall, das hat jeder inzwischen gelernt, soll man das Gerät ausschalten, den Stecker ziehen, warten und dann wieder einschalten. Das Gerät »resettet« sich dann selbst. Theoretisch. Praktisch aber resettet sich nichts.

Der nächste Schritt. Man sucht in der Bedienungsanleitung unter »Störfälle«. Dort ist im ersten Band der insgesamt 16-sprachigen Bedienungsanleitung einiges aufgelistet: »Falsche Sprache im TV-Menü?« – »Einige Fernsehsender sind nicht mehr gespeichert?« – »Light-Guide ist aktiviert, es wird aber kein Bild wiedergegeben?« – »Das Fernsehgerät schaltet sich aus, und die rote LED blinkt« – halt, das ist mein Störfall!

Auch einen Tipp hat die Bedienungsanleitung parat: »Ziehen Sie das Netzkabel ab, warten Sie eine Minute, schließen Sie das Netzkabel wieder an. Wenn das Fernsehgerät nicht in den Standby-Betrieb schaltet, die LED jedoch erneut blinkt, wenden Sie sich bitte an das Kundendienstzentrum.«

Ich rufe das große Elektronikgeschäft an und lasse mich mit dem Service verbinden, schildere mein Problem. Zu Beginn werde ich gefragt, ob ich eine Fünfjahresgarantie abgeschlossen habe oder »nur« die Zweijahresgarantie besitze.

»Wozu ist das wichtig«, frage ich, »der Kauf liegt ja gerade einmal erst fünf Wochen zurück, und fünf Wochen sind weit weg von dem Ablauf der Garantie – egal ob in zwei oder in fünf Jahren.«

Ich lerne, dass für die Fünfjahresgarantie eine andere Stelle zuständig ist. Ich habe nur die Zweijahresgarantie, bin also richtig. Eins, zwei, drei habe ich einen Termin. »Das Gerät wird abgeholt, und Sie erhalten ein neues.«

Wunderbar, das ist Service! Kleines Problem, schnelle Lösung.

Ein paar Tage später ist es so weit. Zwei Männer kommen, schauen sich das Gerät an und fragen: »Haben Sie es schon mal ausgeschaltet und das Gerät resettet?«

»Ja, habe ich.«

Das Gerät wird noch einmal an- und ausgeschaltet. Amüsiert schaue ich zu. Es funktioniert nicht. »Easy enjoy«, stand auf dem Klebestreifen meines neuen Fernsehers.

»Dann bringen Sie mal den Neuen rein«, fordere ich die beiden auf. Die Männer folgen der Aufforderung und kommen mit einem riesigen alten Röhrengerät wieder.

»Das ist nicht wahr, oder? Ich denke, Sie bringen mir ein Neues?«, frage ich.

»Ein Neues? Nein, Sie bekommen ein Ersatzgerät, solange Ihres bei der Reparatur ist.«

Ich atme tief ein. Auf meinem Fernseher stand ja »breathtaking« … atemberaubend. »Das ist ein Gerät der Premiumklasse. Es ist nach fünf Wochen kaputt, und ich bekomme kein neues? Bei einer Kundin, die so viel bei Ihnen kauft, hätte ich gedacht, Sie seien kulanter.«

Die beiden schließen wieder ein DVB-T-Gerät an. Mein Ausflug in die neue Full-HD-Fernsehwelt war kurz, sehr kurz. »Ich finde das auch nicht in Ordnung«, sagt der eine, »ich verstehe Sie gut. Ich würde bei einem so teuren Gerät auch ein neues haben wollen. Aber Sie müssen schon dankbar sein, dass wir ein Ersatzgerät hierlassen.«

Ich freue mich, verstanden zu werden, auch wenn es nichts ändert. Die beiden ziehen von dannen, und ich muss mich erneut mit dem Elektronikfachgeschäft auseinandersetzen. Der Verkäufer am anderen Ende der Leitung hat kein Erbarmen: »Tut uns leid. Ich verstehe Sie, aber erst wenn die Störung nach drei Reparaturversuchen immer noch auftritt, haben Sie das Recht, ein neues Gerät zu bekommen.«

Verständnis für den Kunden äußern – das scheint das kleine Einmaleins der Fortbildungen für Verkäufer zu sein. Nach dem Motto: Deeskalation. Immer sagen, ich verstehe Sie, aber sich keinen Deut bewegen … bis der Kunde aufgibt. Das nennt man dann Beschwerdemanagement.

»Und wann bekomme ich mein Gerät zurück?«

»Tut mir leid, auch das kann ich Ihnen nicht sagen. Eventuell können wir das Gerät gar nicht reparieren, sondern müssen es einschicken. Und das dauert dann halt.«

Ich will noch nicht aufgeben: »Könnten Sie mich mit Ihrem Abteilungsleiter verbinden?«

»Den haben Sie am Apparat.«

Falsch gepokert. Pech gehabt.

»Ich wünschte mir ein kulanteres Verhalten Ihres Unternehmens«, wiederhole ich.

Der Abteilungsleiter gibt daraufhin auch seine Wünsche preis: »Ich habe auch Wünsche, nicht nur Sie. Ich wünschte mir, Kunden würden ihre Wegwerfmentalität überdenken. Wir können ja nicht jeden Fernseher, der kaputt ist, gleich wegwerfen!«

Breathtaking … atemberaubend.

Ich bin verwirrt: »Mein neues Gerät ist kaputt, und Sie fordern mich auf, ich solle meine Wegwerfmentalität überdenken? Niemand hat mir beim Kauf gesagt: ›Hallo, funktioniert Ihr alter Fernseher noch? Wie, er ist erst 15 Jahre alt, das ist doch kein Grund, einen neuen zu kaufen. Der tut es doch noch!‹ Sie haben mir gerne für teures Geld ein neues Gerät verkauft …«

»Liebe Frau«, mir schwant sofort: Wenn ein Satz so begonnen wird, ist die Gesprächsatmosphäre ziemlich dahin, »wir verkaufen bis zu 100 Fernseher pro Tag. Wir können nicht alle Geräte zurücknehmen, die nach kurzer Zeit kaputt sind.«

»Das heißt, die meisten der 100 Fernseher gehen schnell kaputt«, schlussfolgere ich.

»Drehen Sie mir die Worte nicht im Munde herum. Es ist einfach so, solche Fernseher sind Hightech und dieses Hightech funktioniert eben auch oft nicht. Das ist bei Technik halt so.«

Perfect contrast, perfect pixel, perfect pictures … alles gelogen.

Hightech ist eben nicht perfekt, sondern eine moderne Form von Abenteuer. Der Kitzel besteht darin, zu hoffen, dass das Gerät funktioniert. Ob das seine Botschaft ist?

Zum guten Schluss tröstet er mich: »Schauen Sie, Sie haben doch jetzt einen Ersatzfernseher …«

Da hat er recht. Ich weiß nun, dass ich meine Wegwerfmentalität hinterfragen muss. Warum bloß wollte ich einen neuen Fernseher haben? Ist der kaputte neue nicht die gerechte Strafe? Warum bin ich mir nicht im Klaren gewesen, dass bei neuer Technik das Kaputtgehen so eingebaut ist wie der 4 × homi Easylink?

Ich rufe den ausgelagerten Reparaturdienst an, um zu erfahren, wie lange die Reparatur wohl dauern wird.

»Haben Sie eine Fünfjahres- oder eine Zweijahresgarantie?«, lautet die erste Frage.

»Zwei Jahre, aber spielt das eine Rolle?«

Keine Antwort, dafür werde ich weiter verbunden. Herr Müller ist Fernsehmechaniker. »Ich verstehe Sie. Ich finde es nicht in Ordnung, dass Sie kein neues Gerät erhalten. Der Flachbildfernseher gehört ja zur Premiumklasse.«

Der dritte Mann, der mich versteht. Im normalen Leben habe ich selten eine solche Quote. Er ist aber auch nicht befugt, mir ein neues Gerät zu liefern. Dafür erklärt er mir freundlich und nett die heutige Elektronikfachverkaufs- und Reparaturwelt. Er verspricht mir, sich mein Gerät anzuschauen und mir mitzuteilen, was kaputt ist, »… obwohl Sie keine Premiumgarantie haben.«

»Premiumgarantie???«

»Wenn Sie die Fünfjahresgarantie abgeschlossen hätten, dann bekämen Sie sicher ein neues Gerät. Aber bei zwei Jahren …«

Es gibt Zweiklassen-Garantien. Das wusste ich noch nicht. Nur wer für die Garantie extra zahlt, hat eine wirkliche Garantie.

Ein paar Tage später ruft Herr Müller zurück – allein das ist schon eine positive Überraschung – und teilt mir mit, der Programmprozessor sei kaputt. Das Gerät müsse eingeschickt werden. Das könne dauern. Er habe sich noch einmal mit der Verkaufsabteilung des großen Elektronikfachgeschäfts in Verbindung gesetzt und sie zu überreden versucht, mir ein neues Gerät zu liefern, aber leider vergeblich.

Ich frage mich nur noch, ob jemals wieder ein Full-HD-Fernseher mit Ambilight meine Sinne verzaubern wird.

Ein paar Tage später erhalte ich ein Formschreiben: Das benötigte Ersatzteil sei im Moment vergriffen, die Zulieferfirma hätte Lieferschwierigkeiten, die Reparatur könne dauern. Ich rufe wieder meinen Herrn Müller an.

»Ich kann nichts mehr für Sie tun. Fragen Sie einfach nach einer Woche bei der Äddmin nach, was mit Ihrem Gerät los ist.«

»Wo bitte? Bei der Äddmin? Meinen Sie Administration?«

»Ja, genau da. Bei der Äddministräschen.« Kein Wunder, dass der Kunde verzweifelt, wenn kölsch eingefärbte englische Sprachkenntnisse benötigt werden, um zu begreifen, welche Stelle für ihn zuständig ist.

»Kann ich nicht bei der Herstellerfirma anrufen und nachfragen?«

»Nein, die Kundenbetreuung dort ist für Kunden nicht erreichbar.«

Breathtaking ... Noch einmal langsam. Was hat er gesagt: Die Kundenbetreuung ist für Kunden nicht erreichbar? Ich lache schallend. »Dieser Satz, Herr Müller, ist so wunderbar absurd, der klingt wie erfunden!«

»Glauben Sie mir, es stimmt ...«

Ich glaube es nicht, suche im Internet nach der Markenfirma und entschließe mich, der Öffentlichkeitsarbeit eine Mail zu schreiben … und tatsächlich, das funktioniert. Ich werde von einem Herrn aus dem »Consumer Service« angerufen. In einer globalen Welt kann man Kundenservice nicht mehr Kundenservice nennen. Consumer Service – das klingt international, weltumspannend und kompetent.

»Sie sind also so etwas wie der Kundenservice?«, frage ich.

Das wird bestätigt, und der nette Consumer-Service-Mann hat meinen Fall sogar schon anhand der Auftragsnummer gecheckt. Er erzählt mir alles, was ich schon weiß: Gerät kaputt – aha – Programmprozessor defekt – aha – Lieferschwierigkeiten – aha … und: Er verstehe mich und frage sich, warum das Elektronikfachgeschäft das Gerät nicht einfach ausgewechselt habe. Der vierte Mann, der mich versteht, aber nichts ändert.

Ich erkläre ihm, dass ich nur eine Zweijahresgarantie besitze und sein Unternehmen doch nicht alle Geräte austauschen könne, die kaputtgingen, was Wegwerfmentalität bedeutet, was Hightech-Geräte sind und warum ich immer noch auf die Reparatur warte.

Er verspricht mir, den »process« weiter zu beobachten und sich in den nächsten Tagen wieder zu melden. Der Mann hat Eindruck auf mich gemacht. Kompetent, international, global. Er meldet sich allerdings nie wieder.

Zehn Tage später – inzwischen ist mein Gerät schon vier Wochen unterwegs – rufe ich den »Consumer Service« an, dessen Nummer mein Handy gespeichert hat. Eine reizende Mathilde – ich nenne alle automatischen Frauenstimmen Mathilde, das hat so etwas Persönliches – spricht zu mir: »Guten Tag. Sie haben die Nummer unseres Consumer Service gewählt. Wir haben versucht, Sie zu erreichen. Daher haben Sie unsere Rufnummer auf Ihrem Display gesehen. Leider sind wir zurzeit nicht erreichbar. Wir werden uns zu einem späteren Zeitpunkt wieder bei Ihnen melden. Daher bitten wir Sie um etwas Geduld und wünschen Ihnen noch einen schönen Tag.«

Breathtaking … Herr Müller hatte doch recht. Der Kundenservice ist für Kunden nicht erreichbar.

PS: Nach gut fünf Wochen ist mein alter neuer Fernseher geliefert worden. Noch funktioniert der Programmprozessor. Ich habe viel dazugelernt.

Erstens: Teure Premium-Geräte sind anfällig, dessen muss der Kunde sich bewusst sein. Ist er sich dessen nicht bewusst, muss er das lernen.

Zweitens. Äddmins und Consumer Service stehen ihm bei diesem Bewusstwerdungsprozess zur Seite. Beide gibt es, sie sind aber für die Betreuung des Kunden nicht wirklich zuständig, deshalb haben sie englische Namen.

Drittens: Der Kunde sollte seine Wegwerfmentalität überdenken. Er sollte keinen neuen Fernseher kaufen, wenn es der alte noch tut. Kauft er trotzdem einen neuen, dann sollte er darauf achten, dass »breathtaking« mit zum Softwarepaket gehört. Solche Atemtechniken werden bei teuren Geräten dringend benötigt, um mit der Qualität des Kundendienstes im 21. Jahrhundert besser fertigzuwerden.

Gott sei Dank gehört bei meiner Premiumklasse eine solche Atemanleitung dazu: Einatmen 1-2-3-4, ausatmen 1-2-3-4-5-6-7-8. Wieder Einatmen 1-2-3-4, wieder ausatmen …

Atemberaubend!

Strom lekker dereguliert

Deregulierung – simpel übersetzt bedeutet das: Alles, was geregelt war, ist nicht mehr geregelt, und wer sich früher zurechtgefunden hat, findet sich heute nicht mehr zurecht. Das soll mehr Wettbewerb bringen und den Kunden glücklich machen, weil die Dienstleistung weniger kostet.

90 Prozent der Handynutzer geben an, sie hätten den Überblick über Handytarife verloren. Ich gehöre zu diesen 90 Prozent. Oder anders gesagt: Ich bin mir sicher, ich habe den teuersten Tarif, den es gibt, weil ich nur noch Bahnhof verstehe, wenn es sich zwischen Genion L, Relax 100 Friends, Time & More 1000 oder Super-Flat Allnet zu entscheiden gilt. Auch die ständig wechselnden Flugpreise oder Strom- und Gastarife bringen mich an den Rand meiner Möglichkeiten – nie war es anstrengender, die richtige Wahl zu treffen.

Bei den Strompreisen durfte ich das über Monate erfahren. Warum, frage ich mich heute, habe ich mich auf Stromvergleich und den Anbieterwechsel überhaupt eingelassen?

Ich war die Preissteigerungen bei den Elektrizitätsunternehmen satt. Allein im Jahr 2008 sind die Preise um 7 Prozent gestiegen. Ständig war in den Zeitungen zu lesen, im Radio zu hören, dass sich die Verbraucher ihrer Marktmacht bewusst werden sollen, dass sie den Kampf »David gegen Goliath« gewinnen können, wenn sie, ja, wenn sie nur die Deregulierung für sich nutzen. 300 Euro könne man sparen, wenn man nur flugs seine Daten im Internet bei strompreisvergleich.de, verivox.de oder stromtarif.de eingebe. Alles Weitere geschehe wie von selbst.

Jeder Verbraucher solle sein gesetzlich verbrieftes Recht nutzen, zu einem anderen Versorger zu wechseln. Das sagt die Bundesnetzagentur in Bonn.

Ich habe arge Zweifel, dass das so einfach ist wie versprochen, und frage deshalb im Kollegenkreis, wer denn schon gewechselt habe. Es sind vier von zwölf. Die vier sind sich einig: »Das ist sooo einfach.« Das macht Mut. Das muss zu schaffen sein. Ich werde ein weiterer David im Kampf gegen die Goliaths E.ON, Vattenfall, RWE und EnBW.

Eines Sonntags – denn am Samstag bin ich ja schon als Bankangestellte tätig – ist es so weit. Ich gehe auf die entsprechende Seite: »So einfach ist der Anbieterwechsel. Es dauert nur fünf Minuten«, werde ich gleich begrüßt.

Ich gebe in die Maske meinen Stromverbrauch und meine Postleitzahl ein, werde gefragt, ob ich Vorauskasse tätigen möchte, ein Bonus für den Wechsel Bedingung ist, nur Ökostromlieferanten angegeben haben möchte … Ich mache erst mal gar keine Häkchen und drücke auf »suchen«. Ich erhalte 88 Angebote. Was für eine bunte Stromwelt sich mir da eröffnet: »123 privat 360«, »stromistbillig«, »HalloSpar!«, »LichtBlick« oder auch »lekker Strom«.

Lekker Strom – das finde ich witzig. Ich will Strom doch nicht essen?

Jeder der angebotenen Tarife setzt sich anders zusammen. Deregulierung heißt eben auch: Jeder kann machen, was er will. Es gibt welche mit einer drei-, zwölf-, vierundzwanzigmonatigen Preisgarantie, mit Sparbonus, mit 300 freien kWh, mit Rabatt und ohne Rabatt, inklusive einmalige Kosten, ohne einmalige Kosten, nur als Online-Angebot, mit Preisdeckel, als Ökostrom oder als Klimaprodukt. Jeder Tarif ist anders.

Rechts neben den Angeboten steht häufig ein »i«, für »Information«. Manchmal drei, vier bei einem Angebot. Macht bei 88 Angeboten mehr als 300 »i«s, die ich anzuklicken und zu lesen hätte. Die fünf Minuten, in denen der Stromwechsel angeblich zu regeln sei, sind schon lange vorbei. Ich lese einige »i«s und hole mir weitere Informationen aus dem Internet. Vorkasse bedeutet zum Beispiel, dass ich nichts zurückbekomme, wenn ich für das ganze Jahr im Voraus zahle, dann aber weniger Strom verbrauche. Das will ich nicht.

Häufig enthalten die Tarife eine einmalige Gutschrift, die den Preis nur fürs erste Jahr unter das Niveau des etablierten Anbieters fallen lässt. Das will ich auch nicht. Manchmal gibt es auch lediglich eine Preisgarantie von wenigen Monaten.

Ich verändere die Einstellungen entsprechend. Die Angebote werden weniger. Jetzt habe ich nur noch die Wahl zwischen 36 Angeboten. Die Preise allerdings fallen jetzt auch schon erheblich höher aus. Jetzt spare ich höchstens noch 67 Euro pro Jahr gegenüber meinem bisherigen Stromlieferanten.

Und nun? Eigentlich wollte ich mit Freunden heute noch wandern gehen. Wenn ich jeden Tarif anschauen und vergleichen will, muss ich das Wandern absagen.

Ich wünschte, ich könnte wie bei »Wer wird Millionär« den Publikumsjoker ziehen und eine Antwort auf die Frage erhalten: Soll ich »B-wie-billiger«, »MeinCent-Tarif Strom« oder »TelDaFax 1510« nehmen? Ich habe kein Publikum, aber immerhin einen Telefonjoker. Ich rufe einen Freund an, der bereits gewechselt hat. Seine Antwort kommt schnell: »Keine Vorauskasse, Preisgarantie, regionaler Anbieter …«

Ich frage ihn, worauf seine Wahl gefallen ist.

»Die Stadtwerke!«

Ich schaue mir das Angebot der Stadtwerke genauer an, entscheide: »Die nehme ich auch«, und mache ein Kreuzchen bei »Unterlagen anfordern«.

Einen Arbeitstag später sind tatsächlich die Unterlagen eingegangen. In der *Bild am Sonntag* lese ich, dass es jetzt nur noch fünf Minuten dauert, bis der Wechsel abgeschlossen ist. Wirklich?

Ich sehe mich wie in einem alten Stummfilm mit beschleunigter Bildfolge hin und her laufen: Persönliche Daten, Bankverbindung, Adresse eintragen. Letzte Stromrechnung raussuchen: zum Regal. Aktenordner aufschlagen, blättern. Mit der Akte zum Schreibtisch. Kundennummer ablesen, eintragen. Den Jahresverbrauch finde ich auf der letzten Jahresabrechnung. Blättern in der Akte, suchen, eintragen. »Aktuellen Zählerstand und Zählernummer am besten am Stromzähler ablesen«. Der ist im Keller. Es ist zu dunkel. Wieder hoch. Taschenlampe holen. Wieder runter. Alles erledigt. Alles eintragen, Angaben noch mal überprüfen, bestätigen. FERTIG.

Die Stummfilmzeiten sind schon lange vorbei. In Echtzeit habe ich dafür eine gute halbe Stunde gebraucht. Ich wüsste zu gern, wie der *Bild*-Journalist auf die fünf Minuten gekommen ist. Erfunden, erlogen oder reine Angeberei?

Aber immerhin scheine ich den Herausforderungen unseres Jahrtausends intellektuell und auch körperlich im Prinzip gewachsen zu sein. Das beruhigt. Klar, meine Mutter hat mich gefragt, ob sie nicht auch den Stromanbieter wechseln könne. Aber ich habe abgeraten: Sie hat kein Internet und keine E-Mail. Sie ist 82 Jahre alt. Deregulierung heißt halt auch: Nur jüngere Menschen können daran teilnehmen. Wer nicht mehr mitkommt, der wird ausgeschlossen. Ich hingegen arbeite hart, um mich noch zu den »Jüngeren« zählen zu dürfen.

Für den Stromanbieterwechsel habe ich alles Erforderliche getan. Jetzt warte ich einfach ab. Nach ein paar Tagen erhalte ich Post. Mein neuer Stromlieferant erklärt, alles sei geregelt. In spätestens drei Monaten bekomme ich meinen neuen Strom. Abgehakt, erledigt.

Zugegeben, ich stelle erst fünf Monate später fest, dass immer noch der alte Stromanbieter von meinem Konto monatlich den Abschlag abbucht.

»Unser Kundendienst bedient Sie rund um die Uhr«, heißt es im Brief meiner neu ausgewählten Stadtwerke. Ich wähle die Nummer: »Drücken Sie die Eins, wenn Sie Fragen haben zum neuen Strompreis …« Ich hasse diese Mathildes. Ich will keine Hotline mehr. »Drücken Sie die Zwei, wenn Sie von außerhalb anrufen.« Ich drücke die Zwei. »Sie werden auf den nächsten freien Platz verbunden.« Na prima. Immer schön die Nerven behalten.

Frau Hilf ist am Apparat. Ich muss lachen, hoffentlich ist der Name Programm: »Hilf, das ist gut … Ich wollte wechseln, aber es ist nicht passiert.«

Sie tippt meine Daten ein: »Wir haben dreimal gekündigt, aber der Altanbieter hat nicht reagiert.«

»Und warum melden Sie sich dann nicht bei mir?«

»Es könnte ja sein, dass es das nächste Mal klappt, wenn wir es wieder versuchen.«

»Und wenn nicht?«

»Besser wäre es schon, wenn Sie selbst aktiv würden.«

»Aber mir wurde doch mitgeteilt, Stromanbieter wechseln, das geht zack, zack, Sie würden schon alles regeln.«

»Na ja, so einfach wird es immer dargestellt, aber so einfach ist es nicht. Wenn der Altanbieter Sie nicht gehen lässt, dann lässt er Sie nicht gehen.«

»Was muss ich jetzt tun?«

»Gar nichts.«

»Wie, gar nichts?«

»Wenn Sie nichts tun, passiert auch nichts. Strom bekommen Sie ja weiter.«

Warum nur verlaufen diese Gespräche immer so, dass ich an meinem Verstand zweifle? »Ist das jetzt mein Problem?«

»Genauso ist es. Sie müssen sich kümmern und bei dem Altanbieter anrufen. Manchmal funktioniert der Wechsel und manchmal nicht. Und wenn er nicht funktioniert, dann ist es das Beste, wenn Sie sich kümmern.«

Deregulierung bedeutet, die Kunden müssen regeln, was nicht mehr geregelt abläuft.

»Und warum funktioniert das manchmal und manchmal nicht?«, möchte ich wissen.

»Ich vermute, Sie sind ein guter Kunde, und der Altanbieter will Sie nicht gehen lassen.«

Das Gespräch mit Frau Hilf ist zu Ende. Sie bittet mich aber noch kurz dranzubleiben. Ich werde mit einem Sprachcomputer verbunden. Wieder eine neue Mathilde. »Benoten Sie bitte nach dem Schulnotenprinzip. Nutzen Sie dafür die Tastatur. Wie schnell wurden Sie bedient?«

Ich drücke die Zwei.

»Wie freundlich war die Dame?«

Ich drücke die Drei.

»Ist Ihr Anliegen zu Ihrer Zufriedenheit erledigt worden?« Ich drücke die SECHS. Nur wen kümmert das.

Ich rufe bei meinem Altanbieter an.

»Marlene Kuckuck, was kann ich für Sie tun?«

Frau Kuckuck! Ich frage mich, ob ich unfreiwillig bei einer Comedyshow mitmache. Ich gebe meine Daten an, Straße, Zählernummer, Kundennummer.

»Bei uns ist keine Kündigung eingegangen«, sagt Frau Kuckuck.

»Aber für mich wurde zum April gekündigt!«

»Der Termin ist sowieso vorbei«, meint Frau Kuckuck. »Sie können frühestens zum 1. 10. kündigen. Und das auch nur, wenn Ihr neuer Anbieter heute kündigt.«

Ich schaue auf die Uhr. Es ist Freitagnachmittag, 14 Uhr.

»Soll das ein Witz sein? Es ist bereits dreimal gekündigt worden, und jetzt verlangen Sie, es soll heute an einem Freitagnachmittag noch einmal gekündigt werden.«

Frau Kuckuck soll zum Kuckuck gehen Aber Frau Kuckuck gibt mir stattdessen noch einen Tipp: »Am Besten, Frau Schröder, Sie rufen noch mal bei dem neuen Anbieter an, der soll sich halt kümmern.«

»Schröder? Liebe Frau Kuckuck, ich heiße nicht Schröder. Das ist der Name meines Mannes. Ehepaare haben heute nicht immer den gleichen Namen. Das gibt es, das ist doch nichts Besonderes mehr!« Das »zum Kuckuck« verkneife ich mir.

»Ach so, ja, der Anschluss läuft jedenfalls auf den Namen Schröder.«

Ich denke nach. Ob das der Grund für das Chaos ist?

Inzwischen beschäftigt mich die Stromgeschichte nun schon gut eine Stunde.

Geregelt ist nichts, aber dafür ist der Markt dereguliert. Irgendetwas an den neuen marktwirtschaftlichen Gegebenheiten scheint nicht im Alltag zu klappen. Das ist offensichtlich.

Ich rufe wieder bei den Stadtwerken an, ziemlich sicher, den Grund für das Chaos gefunden zu haben. Auch wenn dieses Mal – na klar – nicht Frau Hilf am Telefon ist, verspricht mir ihre Kollegin, sich zu kümmern. Sie würden sich melden …

Wer's glaubt, wird selig, denke ich im Stillen. Und weil ich ihr nicht geglaubt habe, habe ich auch die Chance verpasst, seliggesprochen zu werden. Zwei Tage später ruft mich Herrn Leuchter an. Herr Leuchter arbeitet im Kundenservice meines neuen Stromanbieters. Ob die Namen der Berater erfunden sind? Sind sie nicht. Erst Frau Hilf, dann Frau Kuckuck, nun Herr Leuchter.

Herr Leuchter hat Durchblick, er erklärt mir meine unendliche Geschichte: »Große Anbieter wollen ihre Kunden nicht gehen lassen. Sie sagen einfach, der Name stimmt nicht überein, auch wenn Kundennummer, Zählernummer, Zählerstand, Adresse stimmen. Sie bearbeiten die Kündigung einfach nicht, reagieren nicht einmal, melden sich nicht bei uns.«

Ich höre gespannt zu.

»Branchenkennern zufolge haben die Sachbearbeiter Hunderte von Anträgen auf Anbieterwechsel abzuwickeln, und die schaffen das halt vorne und hinten nicht. Das ist gewollt. Es gibt nie eine Information oder einen Anruf. Ich hatte vor Kurzem einen Kunden, dessen Familie schon seit Jahrzehnten im gleichen Haus, im gleichen Ort und in der gleichen Straße wohnt. Der Anschluss ist über 40 Jahre alt und lief immer auf den Namen Schulze. Wir bekamen die Kündigung aber nicht durch und wussten nicht, woran es liegt. Bis der Kunde sich plötzlich meldete, weil sein Vater ihm in Erinnerung gerufen hatte, dass die ›Kleine Straße‹ vor 25 Jahren umbenannt worden sei in ›Mozartstraße‹. Das war der Grund. Der Antrag wurde nicht bearbeitet, weil der Name der Straße nicht übereinstimmte.«

»Schnell beantragt, endlos geärgert, ist das das Prinzip beim Anbieterwechsel?«, fasse ich seine Schilderungen zusammen.

»Das Ärgern wollen wir nun beenden. Ich habe jetzt einfach dem Altanbieter mitgeteilt, Sie seien neu eingezogen. Mit dem Trick klappt es meistens. Einen Neueinzug müssen Sie bearbeiten. Sie sind dann die neue Verbrauchsinhaberin der Lieferstelle.«

»Verbrauchsinhaberin der Lieferstelle? Herr Leuchter! Ich will einfach nur Strom aus der Steckdose. Verstehen Sie das?«

»Ja, ich verstehe Sie. Aber das ist doch ganz einfach. Passen Sie auf …« Herr Leuchter erklärt mir die neue Stromwelt. Er versucht es jedenfalls: »Für die Lieferstelle sind jetzt wir zuständig. Aber wenn Sie kündigen, dann sind Sie automatisch wieder bei Ihrem Altversorger. Der ist zuständig für die Grund- und Ersatzversorgung. Netzbetreiber ist weiterhin der Altversorger, weil dem ja der Zähler gehört. Der wird sich aber von Ihnen mit einer Schlussabrechnung verabschieden … Wir sind Ihr neuer Lieferant. Von uns bekommen Sie ein Begrüßungsschreiben und einen Abschlagplan. Sie als Kunde haben also zu tun mit dem Lieferanten, mit dem Netzbetreiber und dem Grundversorger. Wobei Letztere bei Ihnen identisch sind.«

»O Himmel, Herrgott, Sakrament! Worauf habe ich mich da eingelassen, Herr Leuchter?«

»Kommen Sie, so schwierig ist das nicht«, versucht er mich zu beruhigen. Wer mag einem netten Menschen widersprechen, der sich so viel Mühe gibt, einem die deregulierte Stromwelt zu erklären?

Es hat übrigens geklappt. Ich bin mit dem virtuellen Umzug zur Verbrauchsinhaberin meiner Lieferstelle geworden. Ich habe es meinem ehemaligen Großkonzern richtig gezeigt. Ich habe ihn meine Marktmacht als Verbraucher spüren lassen.

Dafür habe ich wieder einen neuen Job. Ich lese inzwischen selber den Stromverbrauch ab und halte mich an die Frist, die mir dafür gegeben wird. Stromablesen als Service – das ist abgeschafft.

Aber nicht nur das. Inzwischen hat es eine Fülle von Preiserhöhungen und Tarifänderungen gegeben. Ich zahle bei meinem neuen Lieferanten inzwischen mehr als bei meinem Altanbieter. Aber ehrlich – kommt es nur aufs Geld an? Herr Leuchter war doch einfach sooo nett und ich habe viel dazugelernt. Und außerdem: Deregulierung hat schließlich ihren Preis. Nicht wahr?

Integrierter Wahl-Sebstbehalt-BonusLine-Krankenkassentarif

»Ein Experte ist eine Person, die über umfangreiches Wissen in einem speziellen Fachgebiet verfügt. Das heißt aber nicht, dass sie auf alles eine Antwort hat.«

So reagiere ich, als mein Nachbar Michael mich vor der Haustür anspricht: »Sag mal, du hast doch Ahnung. Soll ich in die private Krankenversicherung gehen oder in der gesetzlichen bleiben?«

Ich liebe diese »Oder-Fragen«. Er wünscht sich eine klare Antwort. Ich sehe es ihm an. Stattdessen erhält er ein »Kommt drauf an«.

»Worauf?«

»Auf EKN 250 oder Vision 1, auf Wahltarif, auf Komfort oder Standard, auf optimiertes Beitragsverhältnis oder ohne Selbstbehalt, auf Beratung, häusliche Krankenpflege, integrierte Versorgung …«

»Hä?« Er schaut mich ungläubig an.

»Du solltest aber auch die Portabilität, die Leistungsbeschränkungen bei Selbstverschulden und die Mitversicherung für Familienangehörige nicht außer Acht lassen.«

Jetzt sagt er gar nichts mehr.

Ich lache: »Komm morgen auf eine Tasse Kaffee vorbei, bring eine Stunde Zeit mit und hör dir meine Tipps an.«

Einen Tag später ist Michael da. Er ist 38 Jahre alt, arbeitet bei einer großen Baufirma, seine Frau Sabine ist zwei Jahre jünger, sie arbeitet als freie Journalistin, sie haben ein kleines Kind. Michael verdient inzwischen so gut, dass er in die private Krankenversicherung wechseln könnte. Zurzeit sind sie beide Mitglied in der gesetzlichen Krankenversicherung.

Michael möchte wissen, wie er sich einen Marktüberblick verschaffen kann: »Ich will in die private wechseln. In der gesetzlichen werden die Leistungen immer schlechter, und um Termine muss man betteln.«

»Weißt du, ich warne dich. Ich werde dir eine Illusion nach der anderen rauben! Willst du wirklich auf einen Kaffee bleiben?«

Er will.

»Als Erstes: Es ist unmöglich, sich einen Marktüberblick zu verschaffen«, beginne ich. »Einfach wäre es, wenn du Beamter wärst. Dann rein in die private. Ende der Diskussion. Oder du bist jung, männlich, gesund und willst nie eine Familie gründen. Dann auch in die private. Dann kann sich das rechnen.«

»Männlich, gesund, jung – das stimmt doch«, sagt Michael, »aber ich habe Familie.«

»Eben, und deshalb wird es schwieriger und unübersichtlicher. Was willst du für eine Versorgung? Eine Regelversorgung? Chefarztbehandlung? Ein- oder Zweibettzimmer? Möchtest du eine Zahnzusatzversicherung? Wie wichtig ist dir das Krankengeld? Reicht dir das Pflegeangebot der Privaten – es ist genauso wie das der gesetzlichen Pflegeversicherung – oder möchtest du zuzahlen? Wie viel möchtest du an Selbstbehalt haben? Soll der hoch oder niedrig sein? Und wie hoch soll der Beitrag im Alter sein?«

»Hör mal, ich bin 38, mein Kind ist zwei Jahre alt, was weiß ich, wie die Situation in 30 Jahren ist.«

»Das solltest du aber mit einbeziehen in deine Entscheidung, weil die Beiträge im Alter in den privaten Versicherungen stark ansteigen. Pi mal Daumen zahlst du für eine Krankenversicherung in deinem Alter rund 300 Euro plus einen Selbstbehalt zwischen 300 und 500 Euro. Das Kind musst du auch versichern. Noch mal 100 drauf. Alle 10 bis 15 Jahre – so lautet eine Faustregel – verdoppelt sich der Beitrag. Schau, ein Kollege von mir ist 1992 in eine private Krankenversicherung gegangen. Damals zahlte er 160 Mark, jetzt 500 Euro. Er ist inzwischen 51 Jahre alt. Immerhin – mit diesen 500 Euro liegt er noch günstiger als in der gesetzlichen Krankenversicherung und hat bessere Leistungen. Aber er muss noch 14 Jahre arbeiten. Wie hoch ist der Beitrag dann? Und wie hoch wird seine Rente sein? In den Verbraucherzentralen kannst du viele Menschen treffen, die bekommen nur eine Rente von 1000 oder 1500 Euro und haben dann einen sehr hohen Beitragssatz zu zahlen. Die stöhnen ganz schön.«

Wir sind schon mittendrin im Thema. Wir stehen vor der Kaffeemaschine.

»Möchtest du einen normalen Kaffee, einen Cappuccino oder einen Espresso?«

»Was für eine Auswahl!«, Michael bewundert meinen neuen Kaffeeautomaten, »das ist ja eine tolle Maschine!«

»Ja, ich finde sie auch toll. Wenn du zwei Wochen übst, kannst du sie auch bedienen … aber das ist eine andere Geschichte. Wir sind ja beim Thema Krankenversicherung!«

Er möchte einen Cappuccino. Wird gemacht. Ich nehme eine Packung aus dem Kühlschrank und schütte ein wenig Milch in das Reservoir. »Magst du viel Schaum?«

»Gern!«

Ich drehe den Hebel auf »noch schaumiger«, drücke auf den Start-Knopf, nun arbeitet die Maschine allein.

»Gibt es nicht ein Internetportal, wo ich meine Daten

eingebe, und dann wird mir eine Versicherung empfohlen«, fragt mich Michael, »so wie beim Stromwechsel?«

»Nein, so etwas gibt es nicht. Apropos Stromwechsel – hast du das schon mal ausprobiert?«

»Nein, aber ich habe es vor. Das empfehlen doch immer alle. Man soll so viel sparen können«, meint Michael.

Ich wünsche ihm viel Spaß dabei. Wir wollen aber nicht über Kaffeemaschinen und Stromtarife sprechen, sondern über das Tarif-Wirrwarr in der Krankenversicherungswelt. »Einen Rechner nach dem Prinzip ›ich gebe alle gesetzlichen und privaten Tarife ein, und am Ende wird mir die BKK-Tralala empfohlen‹ – nein, so einen Rechner findest du noch nicht im Netz. Es gibt zwar Internetportale der privaten Krankenversicherungen und auch einen Krankenkassenkompass für die gesetzlichen Krankenkassen, aber da geben die Kassen ihre Daten selbst ein.«

Michael gibt nicht auf. Das wundert mich keineswegs, denn ich kenne ihn als ordentlichen, strukturierten, hartnäckigen Menschen. »Wenn ich aber das Internet als Basis nehme, mir alle Vergleiche der Stiftung Warentest besorge, dann noch die Satzungen aller Krankenkassen und Versicherungen bestelle, ist dann ein Vergleich möglich?«

»Gute Idee! Aber dafür brauchst du drei Monate Sonderurlaub. Ungefähr 40 private Krankenversicherungen mit insgesamt Tausenden von Tarifen konkurrieren auf dem Markt. Da gibt es – nur als ein Beispiel – bei einer Versicherung allein sechs verschiedene Tarife nur für selbstständige Männer. Die müsstest du dann mit den Konditionen der rund 200 gesetzlichen Krankenkassen vergleichen. Und in deren Satzungen findest du längst nicht alles, was du wissen müsstest.«

»Der Preis ist bei den gesetzlichen aber doch überall gleich«, wirft er ein.

»Stimmt, seit Anfang 2009 haben zwar alle den gleichen Beitragssatz, aber manche erheben Zusatzbeiträge, andere geben Rückerstattungen. 90 Prozent der Leistungen sind gleich in der gesetzlichen Krankenversicherung. Und die restlichen 10 Prozent – da liegen die Unterschiede. Darüber findet der Wettbewerb statt. Zum Beispiel unterscheiden sich die Vorsorgeprogramme für Chroniker, die Hausarztprogramme, der Kundenservice oder die Gesundheitsförderungen. Die einen haben beispielsweise mit einem Hersteller von Inkontinenzartikeln einen Rabattvertrag abgeschlossen und andere nicht …«

Er verdreht die Augen und lacht: »Ich bin noch nicht inkontinent.«

»Wer weiß, ob's nicht passiert?«, kontere ich. »Ich will dir nur zeigen, wie schwierig Vergleiche sind. Schon innerhalb der gesetzlichen oder der privaten Krankenversicherung, aber erst recht zwischen beiden Systemen. Du kannst Äpfel nicht mit Birnen vergleichen. Manche Leistungen werden bei der privaten nicht gewährt, die es in der gesetzlichen Kasse gibt, und umgekehrt. Wollt ihr zum Beispiel ein zweites Kind?«

Die Maschine hat unsere beiden Cappuccino produziert. Wir gehen mit den Tassen ins Wohnzimmer.

»Die Kleine ist doch erst zwei Jahr alt. Vielleicht. Kann sein.«

»Auch die Wahrscheinlichkeit eines zweiten Kindes musst du in deine Entscheidung einbeziehen. Mit jedem weiteren Kind lohnt sich die private Versicherung weniger. Sabine verdient doch weniger als du, die Kinder werden also bei dir versichert sein. Bei einem zweiten Kind wird sie eine Zeit lang keine Einkünfte als freie Journalistin haben. Bist du gesetzlich versichert, ist das kein Problem. Sie und die Kinder sind dann über dich familienversichert. Aber wenn du zu den Privaten wechselst, dann hat der Gesetzgeber für euch ein paar Überraschungen parat. Sie hat zwar keine Einkünfte, aber du hast ja ein gutes Einkommen und bist unterhaltspflichtig. Und deshalb rechnen sie dein Einkommen zur Hälfte als ihr Einkommen.«

»Noch mal«, er verdreht schon wieder die Augen. »Habe ich das richtig verstanden? Sie müsste dann, obwohl sie kein Einkommen hat, Krankenversicherungsbeiträge zahlen?«

»Ja, genau! Als Selbstständige ist sie ja freiwillig versichert, deshalb muss sie auf die Hälfte deines Einkommens Beiträge zahlen. Schwuppdiwupp wäre sie bei gut und gerne 200 Euro Krankenversicherungsbeitrag, wenn deine kleine Tochter bei dir versichert ist. Dann wird nämlich ein Freibetrag abgezogen. Wäre deine Tochter aber bei ihr versichert, warum auch immer, dann werden keine Kinderfreibeträge abgezogen. Dann wird dein Einkommen komplett zugrunde gelegt. Das bedeutet einen Beitrag von mehr als 300 Euro mit Pflege. Bis jetzt, es kann aber sein, dass das bald wieder geändert wird.«

»Das wäre ja wohl sinnvoll, denn logisch ist das nicht«, entrüstet sich Michael.

»Um Logik geht es hier nicht. Vieles passt nicht zusammen oder widerspricht sich. Kaum jemand überschaut die Regelungen, und wenn man dann selbst betroffen ist, ärgert man sich schwarz und grün. Diese Regelung mit dem Kinderfreibetrag ist übrigens neu, man hat einfach gesagt, das ändern wir. Eine klitzekleine Regelung mit großer Wirkung, die die Versicherten nicht vorhersehen konnten.«

Michael schaut mich mit großen Augen an.

»Der Cappuccino wird kalt«, erinnere ich ihn. Er

nimmt einen Schluck. »Weißt du, es gibt wirklich irrwitzige Regelungen. Nur so als Anekdote: Da gibt es beispielsweise einen Streit zwischen den Gerichten, ob ein Haftentlassener, der früher gesetzlich versichert war, nach der Haft auch wieder gesetzlich versichert sein kann, weil er ja während der Haftzeit über die Gefangenfürsorge abgesichert war. Manche Sozialrichter sind der Meinung, er müsse jetzt in die private Krankenversicherung. Landessozialgerichte vertreten wieder eine andere Auffassung.«

»Du nimmst mich auf den Arm, oder? Das glaube ich nicht«, Michael schüttelt den Kopf.

»Doch, aber in den Knast wirst du ja wohl nicht kommen. Das können wir also vernachlässigen.«

»Also, verstehe ich das richtig«, fasst er zusammen, »eigentlich kann man gar keine solide Entscheidung treffen, weil morgen wieder alles anders sein kann?«

»Ja, gegen Gesundheitsreformen kann man sich leider nicht versichern«, erkläre ich ihm. »Stattdessen musst du die Risiken nach heutigem Stand abwägen.«

»Das bedeutet, wenn ich privat versichert wäre und Sabine gesetzlich, wäre das eher von Nachteil.«

»Im Prinzip schon. Stell dir vor, mit dem zweiten Kind klappt es nicht, und ihr benötigt eine künstliche Befruchtung. Die privaten Kassen legen das Verursacherprinzip zugrunde – das heißt, sie übernehmen die Kosten, wenn der Versicherte schuld ist. Konkret: Die Versicherung zahlt die Kosten für den Verursacher – je nachdem, ob die Spermien beim Mann zu langsam sind oder der Eileiter der versicherten Frau verklebt ist. Die gesetzliche Krankenversicherung zahlt aber nach dem körperbezogenen Prinzip. Da ist es egal, wer schuld ist, entscheidend sind die Kosten, die bei dem Versicherten anfallen.

Um dir die Idiotie klarzumachen, zu der das führen kann, folgendes Beispiel: Wenn die Frau verklebte Eileiter hat, dann würde ihre private Versicherung bezahlen, weil sie ja die Verursacherin ist. Wenn sie aber nicht die Verursacherin ist, weil der Mann beispielsweise zeugungsunfähig ist, dann zahlt ihre Kasse nichts. Bei dem gesetzlich versicherten Mann zahlen die Kassen nur die Hälfte der Kosten. Denn dort gilt die Regel: An drei Versuchen zur künstlichen Befruchtung beteiligt sich die Versicherung und übernimmt von den Kosten jeweils 50 Prozent. Die meisten Kosten werden aber bei der Frau anfallen, und für die ist die private zuständig. Pech gehabt.«

Michael schüttelt nur noch mit dem Kopf. Der Cappuccino ist getrunken, das Thema aber noch nicht abgeschlossen. »Komm«, meint Michael, »das sind doch alles Ausnahmen, so etwas kann man doch in die Entscheidung nicht einbeziehen.«

Ich gebe ihm teilweise recht. »Man weiß natürlich nie so genau, was auf einen zukommt. Aber die Beispiele zeigen, einer gesetzlich, einer privat – das ist nicht unbedingt empfehlenswert. Bei euch ist die Entscheidung schwierig zu treffen, weil Sabine ja als freiberufliche Journalistin gesetzlich versichert ist. Ob das sinnvoll ist, muss man auch fragen.«

»Och nee, du stellst ja alles infrage«, meint Michael.

»Soll ich aufhören? Ich habe dich ja gewarnt.«

»Nein, mach weiter, ich nehme es inzwischen mehr von der unterhaltsamen Seite …«

»Okay, Sabine ist selbstständig. Selbstständige sind eigentlich in der gesetzlichen Krankenversicherung ganz dumm aufgehoben, weil sie ja den kompletten Beitrag selbst zahlen müssen. Und nun schreibt das Sozialgesetzbuch – das ist so etwas wie die Bibel unseres Sozialwesens – vor, dass etwa 1900 Euro als Mindesteinkommen zugrunde gelegt werden. Nur auf Nachweis kann der Beitrag reduziert werden. Aber 1260 Euro werden immer zugrunde gelegt, auch wenn sie weniger verdient.«

»Bei 1900 Euro Einkommen macht das rund 400 Euro Beitrag. Ich glaube, in etwa so viel zahlt sie wirklich. Dann wäre sie ja in der privaten besser bedient, oder?«

Ich stimme ihm zu: »Für rund 340 Euro und 1000 Euro Eigenbeteiligung, auch Selbstbehalt genannt, könnte sie sich solide absichern und hätte zurzeit zum Großteil bessere Leistungen. Deshalb kommen ja auch viele Selbstständige ins Schwanken. Wenn man selbstständig ist und wenig Geld hat, dann zahlt man in der gesetzlichen Versicherung sehr viel und in der privaten vergleichsweise wenig. Und wenn es einem finanziell später besser geht, dann zahlt man in der gesetzlichen richtig viel. Doch weil man inzwischen älter ist, ist die private auch nicht billiger.

Nun stell dir aber vor, ihre Einkünfte werden geringer, weil ein zweites Kind da ist. Die hohen Beiträge in der privaten bleiben, egal welche Einkünfte sie hat. Was ist, wenn das Kind krank wird und sie zu Hause bleiben muss? In der gesetzlichen hat sie Anspruch auf Krankengeld, in der privaten sind dafür keine Leistungen vorgesehen. Und wie schaut die Lage aus, wenn sie älter wird?«

»O Himmel, herrje. Wenn sie älter wird, kann sie immer noch versuchen, in die gesetzliche Krankenversicherung zurückzukehren. Das hat mein Vater früher auch gemacht. Wäre das nicht ein Weg?«, fragt Michael.

Unsere beiden Tassen sind leer. »Du bekommst gleich eine Antwort auf deine Frage. Ich mache mir noch einen Kaffee. Willst du auch noch einen?« Er nickt.

Als ich meinen Kaffeeautomaten in Gang setzen will,

erscheint auf dem Display: »Bitte wählen: Gerät reinigen«. Ich antworte meinem Automaten: »Jetzt nicht, jetzt machst du uns noch schön einen zweiten Kaffee. Gereinigt wird später.«

»Mir wem redest du?«, kommt aus dem Wohnzimmer.

»Mit meiner Kaffeemaschine.« Ich höre ein Lachen. »Lach nicht. 90 Prozent der Nutzer sprechen mit ihren Geräten, das habe ich in einer Studie gelesen.«

Ich fülle erneut Milch in das Reservoir ein und drücke auf »Cappuccino«.

»Weißt du, das Blöde ist, das Display sagt mir ständig, ich soll das Gerät reinigen, auch wenn es gereinigt ist. Meist ignoriere ich die Falschmeldung, aber dann habe ich keine Kontrolle mehr darüber, wann ich das Gerät wirklich reinigen soll.«

»Ich rede auch immer mit meinen Geräten«, gesteht Michael, »aber eher mit meinem Navigationssystem im Auto oder mit dem PC. Der heißt bei mir Pit.«

»Einen Namen hat meine Kaffeemaschine noch nicht«, erwidere ich. »Also, wo waren wir stehen geblieben? Beim Alter! Die Idee, im Alter noch einmal zu wechseln, haben viele. Das ist ja das Verrückte. Wenn man jung und gesund ist, versichert man sich bestens in der privaten. Dann wird es dort immer teurer, man speckt Leistungen ab, stöhnt unter den hohen Beträgen und dem Selbstbehalt und möchte wieder in die gesetzliche. Das aber ist heutzutage äußert schwierig, ab 55 Jahren fast unmöglich. In die private Versicherung zu gehen, ist im Prinzip eine Entscheidung für das ganze Leben. Auch an das Unternehmen ist man praktisch sein Leben lang gebunden. Und selbst wenn es Sabine gelänge, noch einmal in die gesetzliche Krankenversicherung zu wechseln, lägen noch mehr Hindernisse vor ihr. Sie käme nur dann in den Genuss der günstigen Rentnertarife, wenn sie neun Zehntel der letzten Hälfte ihres Berufslebens in der gesetzlichen Krankenversicherung gewesen wäre.«

Michael ist wenig fasziniert von den Details: »Meine Güte, ist das kompliziert! Neun Zehntel der Hälfte des Berufslebens. Also, wenn sie 30 Jahre arbeitet, dann muss sie die letzten 14 Jahre gesetzlich versichert gewesen sein?«

»Genau. Heute ist das so. Aber morgen kann sich das ändern. 2004 zum Beispiel wurden die Beiträge für die Rentner ganz erheblich erhöht. Ich hätte nicht gedacht, dass das möglich ist. Die Rentner haben ja auf die bis dahin geltenden Regeln vertraut, ihr Leben entsprechend eingerichtet. Aber das zählt nicht mehr. Regelungen, die heute günstig erscheinen, können morgen schon geändert werden. Das Gesundheitssystem ist und bleibt eine Baustelle.«

»Du machst mir richtig Mut«, beklagt sich Michel. »Gut, nehmen wir an, ich bleibe in der gesetzlichen Krankenkasse. Wäre dann alles einfacher?«

»Kommt drauf an ... Du kannst beispielsweise Bonusprogramme auswählen. Manche Kassen belohnen gesundheitsbewusstes Verhalten. Da kannst du entscheiden, ob du als Bonus eine Teflonpfanne, ein Springseil oder 50 Euro haben möchtest. Du kannst einen Hausarzttarif wählen, dann gehst du immer zuerst zum Hausarzt und bekommst bei manchen Kassen die Praxisgebühr erlassen. Du kannst als Kranker an bestimmten Chroniker-Programmen teilnehmen. Du kannst einen Tarif mit Beitragsrückerstattung wählen, und du erhältst bis zu einen Monatsbeitrag zurück, wenn du keine medizinischen Leistungen in Anspruch nimmst. Du kannst Tarife mit Selbstbehalt wählen, dann zahlst du wie bei den Privaten einen Teil selber. Bei beiden Tarifen bist du drei

Jahre lang gebunden, Wenn du gesund bleibst – prima, wenn nicht, dann hast du falsch gepokert.«

»Hilfe! Mir wird schwindelig«, bekennt Michael.

»Das wollte ich dir zeigen: Auch bei den gesetzlichen Krankenkassen wird der Beitrags-Wirrwarr immer größer, und jeden beschleicht irgendwann der Eindruck, in der falschen Versicherung zu sein.«

»Das ist ja wie beim Handy. Da habe ich auch immer den falschen Tarif.«

»Der Vergleich ist nicht übel. Aber sollte es nicht einen Unterschied zwischen dem Sozialwesen und privaten Telefongesellschaften geben?«

Wir lassen die Frage im Raum stehen, denn eigentlich geht es nicht um Politik, sondern um die Frage, was für Michael und seine Familie die beste Absicherung für den Krankheitsfall ist. Richtig helfen kann ich ihm nicht. Das sieht er ein.

»Ehrlich gesagt, ich bin jetzt ein bisschen durcheinander«, gesteht er.

»Das habe ich dir ja prophezeit.«

»Gibt es eigentlich jemanden, der da wirklich durchblickt?«, fragt er mich zum Schluss unseres Gesprächs.

»Vielleicht. Ich weiß es nicht. Ich glaube, alles durchblickt niemand. Auch Experten kennen sich immer nur in Teilbereichen aus. Vor Kurzem habe ich mit einem Fachmann telefoniert, der mit daran beteiligt war, die Arzthonorare neu zu strukturieren. ›Wissen Sie‹, sagte er, ›in dem Gremien sitzen nur Koryphäen. Das Gesetzeswerk ist 45 Seiten lang. Und selbst ich als Experte muss gestehen: Ich verstehe längst nicht alles. Manchmal möchte ich aufstehen und schreien: Das kann doch niemand mehr nachvollziehen, was wir hier tun. Wir müssen das vereinfachen.‹ – ›Und warum tun Sie das nicht? Aufstehen und schreien?‹, fragte ich ihn. Er antwortete:

›Na ja, ich lebe ja davon, ich habe Familien und Kinder. Ich wäre ja unten durch, wenn ich so etwas von mir geben würde.‹ Mich hat dieses Eingeständnis schwer beeindruckt. Wir fordern von den anderen, dass das Leben einfacher werden soll, aber wenn wir selbst dazu einen Beitrag leisten sollen, fällt uns das enorm schwer.«

Wir stehen an der Tür. Michael dreht sich noch einmal um. »Wie bist du eigentlich versichert?«

»Was meinst du wohl?« Ich lache und spanne ihn ein wenig auf die Folter. »Ich bin ganz normal gesetzlich versichert – plus eine Zusatzversicherung für das Krankenhaus. Klar, das hat Nachteile, aber wahrscheinlich ist es nicht das Übelste. Und weißt du warum? Weil ich das Solidarprinzip richtig finde. Aber das ist eine politische Entscheidung und damit ein anderes Thema. Rein praktisch aber hat es auch seine Vorteile. Es ist einfacher. Ich befinde mich damit übrigens in guter Gesellschaft. Eine Expertin bei der Verbraucherzentrale hat mir einmal gesagt: ›Ich mache seit 20 Jahren nichts anderes, als Menschen zu beraten, aber selbst ich durchblicke nicht alles und habe privat gar keine Lust, mich durch tausend verschiedene Tarife zu wühlen. Ich will Ruhe an der Front. Simpel, einfach, ohne Schnickschnack.‹«

»Ruhe an der Front? Hat man die bei der gesetzlichen?«

Wir lachen und verabschieden uns.

Loop, Airbag oder Relax fürs Handy?

Standardsprachtarif, Option, Kombitarif, Grundpreis, Takt, Bandbreitendrosselung ... Es hilft nichts. Ich habe meinen Handytarif schon seit Jahren nicht mehr geändert. Ich bin mir sicher, ich zahle zu viel.

GPRS (General Packet Radio Service), EDGE (Enhanced Data Rates for GSM Evolution), UMTS (Universal Mobile Telecommunications System), HSDPA (High Speed Downlink Packet Access) ... Die Handywelt hat ihre eigene Sprache. Dennoch will ich mich auf die Suche begeben. Nach einem günstigeren Handytarif. Ich habe die Wahl zwischen allen möglichen Mobilfunkunternehmen: *T-Mobile, E-Plus, Vodafone, Fonic, congstar, blau.de, Medion, simyo* ...

Der Telekommunikationsmarkt ist dereguliert. Das kenne ich schon vom Strom. »Dereguliert« bedeutet: Es herrscht Wettbewerb, und der Verbraucher hat – entgegen der kapitalistischen Theorie – das Nachsehen! Man kann inzwischen blau telefonieren und gelben Strom aus der Steckdose ziehen. Die Welt wird farbig ... und unübersichtlich. Ich kann wählen zwischen *solomo 0/8/5, T-mobile Relax, O_2 Loop S, vodafone CallYa 5/15, Genion L Flatrate, Mobilcom Time & More All in 1000* ... auch ein Kostenairbag wurde erfunden. Wenn ein Unfall passiert und die Rechnung 50 Euro übersteigen sollte, dann bläst sich der Airbag auf und rettet vor zu hohen Kosten.

Über 1700 Handytarife gibt es inzwischen. Ich beginne mit einer Feldforschung. Den Mobilfunkberatern bei den Hotlines und in den Verkaufstellen traue ich nicht. Ein Test der Stiftung Warentest hat schließlich zutage gebracht, dass gute Tarifberatungen in den Verkaufsstellen Glücksache sind. Die telefonische Beratung ist nicht besser. Die angeblichen Experten bieten den Kunden sehr häufig teure Verträge an, die nicht den Bedürfnissen der Verbraucher entsprechen. In weniger als 20 Prozent passe der Tarif zum Kunden. Deshalb: Egal ob ich also mit Freunden ins Kino gehe, mit Experten über Medizinethik diskutiere oder mit Kollegen in der Kantine esse, immer frage ich: »Sag mal, wie steht es eigentlich um deinen Handytarif? Hast du den Eindruck, deiner ist günstig?«

Es ist als, ob ich in ein Wespennest steche. Alle – ausnahmslos alle – scheinen froh zu sein, sich ihre Handyerfahrungen und Sorgen einmal von der Leber reden zu dürfen. Ein von Psychotherapeuten bisher völlig unentdecktes Problemfeld.

Stephanie ist die Erste: »Mein Tarif … Herrgott, frag mich bloß nicht, was ich bezahle. Ich habe keine Ahnung. Ich weiß gar nicht, welchen Tarif ich abgeschlossen habe. Ich habe schon genug mit meiner Fritzbox zu tun, die sich schon zweimal aufgehängt hat. In dieser Sache mit den Hotlines zu telefonieren, ist Hobby genug. Bloß nicht noch eine zweite Baustelle. Immer wieder rufen mich Mitarbeiter meines Mobilfunkunternehmens an und bieten mir Tarife an wie ›web 'n' walk DayFlat‹, die ich nicht verstehe. Das nervt. Aber wenn du weißt, wie man an den richtigen Tarif kommt, dann sag Bescheid.«

Discounttarife, Prepaidkarte, Wenig-, Normal-, Vieltelefonierer, Hometarife, Flatrates … die Menschen meiden das Thema Tarife. Sie wollen keinen Frust. Sie versuchen ihr Leben zu vereinfachen, indem sie sich nicht kümmern. Eine Umfrage der Beratungsgesellschaft Pricewaterhouse-

Coopers unter mehr als 1000 Verbrauchern brachte zutage: Vier von fünf Kunden interessieren sich nicht für neue Tarifangebote. In einer anderen Umfrage geben 90 Prozent an, den Überblick über die Tarife verloren zu haben.

Frank ist meine Nummer zwei: »Ich hatte einen alten Vertrag, der war richtig günstig, aber das hat dem Mobilfunkunternehmen nicht gefallen. Sie haben mir einfach mitgeteilt, der Vertrag laufe aus. Punkt. Man hat wohl zu wenig daran verdient. Ein befreundetes Ehepaar hat dasselbe erlebt. Verwandte von ihnen leben in China, und sie haben eine ›Flatrate international‹ abgeschlossen. Doch diese Flatrate haben sie nach Auffassung des Anbieters zu intensiv genutzt. Mit der Begründung, sie würden das Handy nicht für private, sondern gewerbliche Zwecke nutzen, wurde ihnen gekündigt. Das scheint kein Einzelfall zu sein. Mit den Flatrates erleben viele Kunden Überraschungen. Ich lasse mich darauf nicht mehr ein. Mir hat ein Freund eine Prepaidkarte empfohlen. Ich bin nicht blöd, aber mich durch diesen Tarifdschungel zu arbeiten, das halte ich für bescheuert.«

Flatrates zu unterschiedlichen Konditionen? Minutenpreise zum Festpreis? Prepaidtarife zu günstigen Preisen? Komplettpaket mit Festnetztelefon, Internet und Mobilfunk oder nur mobil?

Paula ist die Dritte: »Ich kann nur empfehlen: Handeln wie auf einem türkischen Basar! Damit hatte ich Erfolg. Ich wollte meinen neuen Vertrag verlängern, sah dann aber in der Werbung, dass dieser Vertrag für Neukunden zehn Euro billiger als mein bisheriger Vertrag angeboten wird. Ich habe an den Provider geschrieben: ›Ich würde als langjährige Kundin gerne meinen Vertrag verlängern, aber nicht zu den alten Konditionen. Stattdessen favorisiere ich die Tarifbedingungen Ihres neuen Angebotes

Flatrate für 15 Euro.‹ Die Antwort kam prompt: ›Wir freuen uns, dass Sie sich im Rahmen einer Vertragsverlängerung für den Tarif Genion-L-Spezial interessieren ... Beachten Sie bitte, dass im Zuge einer Vertragsverlängerung der Tarifwechsel zu Genion-L-spezial nicht angeboten werden kann.‹ Wieso nicht, habe ich mich gefragt und postwendend gekündigt. Eine Woche später erhielt ich eine SMS: ›Wir haben Ihre Kündigung erhalten, hätten aber noch einige Fragen. Sie können uns kostenlos unter folgender Nummer anrufen.‹ Potzdautz, eine kostenlose Hotlinenummer! Normalerweise ist die Hotline richtig teuer. Ich habe angerufen und verhandelt. Erfolgreich! Die Flatrate haben sie mir von 25 auf 20 Euro reduziert, dazu habe ich noch 50 zusätzliche SMS pro Monat herausgeschlagen.«

Für Neukunden werden ständig neue attraktive Angebote geschaffen, und den Altkunden wird die kalte Schulter gezeigt. Was ist das für eine Marketingphilosophie?

Handytarife ändern sich ständig. Was gestern noch ein günstiges Angebot war, kann heute schon überteuert sein. Die Anbieter sagen, das wünsche sich der Kunde. Dabei kommen die Anbieter gar nicht hinterher, ihre Mitarbeiter in den unzähligen kleinen Geschäften in den Einkaufspassagen entsprechend zu schulen, damit wenigstens die auch nur ansatzweise durchblicken. Kann es sein, dass die moderne Unübersichtlichkeit auch in den Marketingabteilungen Platz gegriffen hat, jeder also nur so tut, als hätte er den Überblick, und in Wahrheit weiß niemand mehr, was unter dem Label der Firma eigentlich alles vermarktet wird?

Marc ist mein vierter Gesprächspartner: »Handytarife? Bei dem letzten Wechsel habe ich rund ein Dutzend Mal mit der Hotline telefoniert. Sogar der Berater hat eingesehen, dass mein bisheriger Tarif zu teuer ist. Als ›guter Kunde‹ bekam ich die Chance, ein Sonderangebot abzuschließen, das gerade aktuell war. Ohne Grundgebühr. Prima, dachte ich. Nur wurde diese Vereinbarung nicht umgesetzt. Ständig musste ich anrufen und reklamieren. ›Von der Grundgebühr befreit‹ oder ›ohne Anschlussgebühr‹ – das wird nur versprochen, das klappt nie. Meine Devise ist inzwischen: Immer dreimal bei einer Hotline anrufen und sich immer wieder eine neue Auskunft zum gleichen Thema geben lassen. Wetten, dass man jedes Mal eine andere Auskunft erhält? Die beste nehme ich dann und bitte um eine schriftliche Bestätigung.«

Ich werde klüger durch die Erfahrungen, Erzählungen, Erlebnisse der anderen. Aber ich bin gleichzeitig Kummerkasten für alle möglichen Schauergeschichten. Mit Guthabenkarten, das lerne ich beispielsweise, sind Kunden, die selten telefonieren, gut beraten. Aber selbst dann ist man vor Ärger nicht gefeit.

Thomas ist der Fünfte: »Meine Tochter ist 15 Jahre alt, sie hatte bei einem Discounter eine Guthabenkarte für zehn Euro erworben. Weitere zehn Euro wurden fällig, um das Guthaben vom Konto abzubuchen. Aber von ihrem Taschengeldkonto war die Abbuchung nicht möglich. Ich ließ deshalb die Kontodaten auf mich umschreiben. Das kostete noch einmal zehn Euro. Für die nicht erfolgte Abbuchung fielen Strafgebühren von 15 Euro an. Angeblich, weil die Bank diese Summe in Rechnung gestellt hatte, was aber gar nicht der Fall war. Inzwischen waren wir bei 45 Euro für eine Zehn-Euro-Prepaidkarte angelangt. Die Guthabenkarte – das hat der Berater verlangt – sollte in Zukunft auf meinen Namen laufen, weil ich ja der Kontoinhaber war. Diese Umbuchung kostete noch einmal 20 Euro. Und um diese Kosten zu begleichen, sollten wir eine neue Karte für 30 Euro kaufen.

Zehn Euro wären dann das neue Guthaben. Nun waren es 75 Euro. Hinzu kamen noch zwei Gespräche mit der Hotline à sieben Minuten. Macht noch einmal knapp fünf Euro. Die spinnen doch, oder?«

Besorge dir ein Handy, und dein Leben ist nie mehr langweilig. Kein Wunder, dass die wenigsten Kunden das Unternehmen wechseln.

Für Judith – meine Nummer sechs – ist das Thema Handytarife abgehakt: »Hat man sonst nichts zu tun, als den Handytarif zu wechseln? Wenn du günstig telefonieren willst, ist es das Wichtigste, deine Freunde und Bekannten zu sortieren. Mit allen, die bei dem gleichen Anbieter sind wie du, kannst du Kontakt pflegen. Alle anderen solltest du meiden. Die erste Frage sollte nicht lauten: ›Wie geht es dir?‹ Sondern: ›Bei welchem Anbieter bist du?‹ Ich bin mir sicher, dein soziales Umfeld wird begeistert sein.«

So amüsant, informativ und gruselig die Ergebnisse meiner Umfrage auch sind – in der Frage, wie ich an einen billigen Tarif komme, bin ich nicht weitergekommen. Ich gehe nun strategisch vor und suche im Internet nach Handytarifrechnern.

www.billiger-telefonieren.de: »Mit dem Mobilfunkrechner von Billiger-Telefonieren.de können Sie die Handytarife von Mobilfunkanbietern vergleichen.« Das klingt gut. Ich werde gefragt, welche Mobilfunknetze ich anrufen möchte. Antwort: alle. Ob ich einen Vertrag oder eine Prepaidkarte bevorzuge: Vertrag. Wie viel ich ins Festnetz und wie viel ich mobil anrufe. Ich schätze: 50:50 und wähle 200 SMS und wünsche mir noch ein Inklusivhandy zum Vertrag. »Telco All-in 50« ist das Ergebnis. Kostenpunkt: 50 Euro monatlich.

www.handytarife-rechner.de: Hier gibt's keine langen Abfragen, hier geht alles ganz fix. »Finden Sie den günstigen Tarif mit unserem kostenlosen Tarifrechner für Mobilfunktarife. Wählen Sie dazu einfach Ihren Telefoniertyp und Ihr Wunschnetz und klicken Sie auf berechnen.« Ich habe drei Varianten zur Auswahl: »Ihr Telefoniertyp: Wenigtelefonierer – Normaltelefonierer – Vieltelefonierer«. Ich klicke »Vieltelefonierer« an und ab geht's. »T-mobile Relax 1000« ist für mich die Lösung. Kostenpunkt: 59,95 Euro.

www.handytarife.de: Ich probiere es ein drittes Mal – wie Marc es mir empfohlen hat. »Finden Sie den passenden Handytarif. Wir berechnen für Sie aus über 1700 Tarifen und Optionen den für Sie günstigsten Mobilfunk Tarif.« Bei diesem Rechner ist erst einmal eine sorgfältige Analyse des eigenen Telefonierverhaltens notwendig: »Wie viel telefonieren Sie? Wie lange telefonieren Sie? Wie viele SMS verschicken Sie? Wann telefonieren Sie? An welchen Tagen? Zu welchen Zeiten? In welche Netze? Welche Vertragsart wünschen Sie? Wünschen Sie ein Vertragshandy? Sollen auch Sondertarife angezeigt werden …« Ich bin beschäftigt, hole die Rechnungen hervor, die Einzelnachweise und fülle alles aus. Der Rechner kommt zu einem Ergebnis »Debitel vybemobile Top 10 SMS« für 40 Euro monatlich.

Drei Rechner, drei Ergebnisse. Ich bin so klug wie zuvor. Die Verträge differieren und sind nur schwer zu vergleichen, mal mit, mal ohne Grundgebühr, unterschiedliche Flatrates und Minutengebühren, freie SMS oder nicht … Kunde zu sein, ist im Handyzeitalter nicht einfacher geworden.

Einiges habe ich immerhin gelernt:

Bei Anrufen sollte man immer als Erstes fragen, bei welchem Anbieter der Mensch am anderen Ende der Leitung ist. Ist er bei einem anderen Anbieter als man selbst, sollte man sich kurz fassen.

Beim Telefonieren sollte man eine Stoppuhr zur Hand haben, wenn im Kleingedruckten des eigenen Handyvertrags steht, dass jede angefangene Minute voll bezahlt werden muss. Dann kostet das Telefonat nämlich immer gleich viel, egal ob es 10 Sekunden oder 59 Sekunden dauert. Das Gespräch dann keinesfalls knapp über eine Minute führen, eher bei 58 Sekunden ›Auf Wiedersehen‹ sagen.

Wer den Tarif wechseln will, muss erst einmal seine Rechnung analysieren. An welchen Tagen telefoniert man zu welcher Uhrzeit mit wem und wie lange? Nach dieser Analyse die Angebote durchforsten und auch die 45 kleinen Fußnoten beachten. Dann erst bei einer Hotline anrufen und sich durch nichts, aber auch gar nichts von seinem Pfad abbringen lassen.

Handys sollte man besser extra kaufen. Auslaufmodelle sind immer billiger. Die Koppelung mit einem Vertrag lohnt sich selten. Wer Statussymbole wie das iPhone für sein Ego braucht, obwohl er weder im Internet surft noch E-Mails schreibt, darf sich über hohe Kosten nicht wundern.

Alles in allem sollte man zwei Tage Recherche einplanen und konzentriert arbeiten, sich dann entscheiden und vor allem die Entscheidung umsetzen.

Man kann es aber auch ganz anders machen. Was sagte mir ein Philosophieprofessor, den ich nach seinem Handytarif fragte: »Handykosten nehme ich hin wie Sonne, Wind und Regen. Ich schaue mir die Rechnungen einfach nicht mehr an. Ich halte es mit Henry Ford, der einmal gesagt hat: ›Es gibt mehr Leute, die kapitulieren, als solche, die scheitern.‹«

Drücken Sie bitte die Eins

Hotlinemitarbeiter sind meist freundlich, dafür aber mäßig kompetent, und sie gelangen schnell an ihre Grenzen. Das ist meine Erfahrung. Sie verhageln mir oft den Alltag, wenn ich wieder einmal die »Eins« drücken soll, wenn ich auf den nächsten für mich reservierten freien Platz warte oder wenn das Problem auch nach einem Sechsminutengespräch nur scheinbar gelöst ist und ich beim nächsten Anruf einer anderen Person alles von vorne erklären darf.

Krankenkassen, Reisebüros, Finanzdienstleistungen, Elektronikfirmen, PC-Hersteller, Kaufhäuser, Behörden, Internetanbieter, Handyhersteller – Hotlines kann man nicht mehr entrinnen.

Früher wünschte man den Menschen Gesundheit, Glück und Frieden. Heute kann man sie beglückwünschen, wenn sie mit keiner Hotline telefonieren müssen. Aber selbst hohes Alter schützt vor dieser Unbill nicht. Meine Nachbarin Elfriede Müller ist 78 Jahre alt. Sie hat Diabetes und kann nicht mehr gut gehen. Ihre Tochter hat ihr ein Handy gekauft, damit ihre Mut-

Kann man eine Mailbox eines Mobilfunkkunden besprechen, ohne dass das Handy klingelt? Darauf möchte ich eine Antwort – nur bis dahin ist es ein ganz laaanger Weg.

ter sie jederzeit anrufen kann, wenn sie sich nicht gut fühlt.

Eines Tages erzählt mir Frau Müller von ihrem Ärger mit dem Handy. »Die spinnen bei der Telefongesellschaft«, sagt sie. »Vor ein paar Wochen bekam ich Post von denen.« Sie zeigt mir den Brief. Dort steht: »Ab Juni werden wir Ihnen Ihre Mobilfunkrechnung ausschließlich online zur Verfügung stellen. Als modernes Unternehmen fühlen wir uns verantwortlich, uns verstärkt für den Klimaschutz einzusetzen. Ein wichtiger Schritt zur Verringerung des CO_2-Ausstoßes ist die Senkung des Papierverbrauchs.«

CO_2-Ausstoß? Klimaschutz? Der Zusammenhang mit einer papiernen Rechnung erschließt sich für Frau Müller nicht. »Ich soll wegen des Klimas mit meiner Telefonnummer und Kundenkontonummer online meine Rechnung abrufen? Nur, wissen Sie – ich hab gar kein online!«

Was heißen soll, Frau Müller verfügt über keinen Internetanschluss.

»Da stand auch was von PDF, Konfiguration und all so ein Unsinn. Die wollten mir dann einen Zugangscode geben?! Was ist das denn, hab ich mich gefragt.«

Frau Müller kann einen hervorragenden Gugelhupf mit Rosinen und Mandeln backen – aber mit Zugangscodes und PDF-Dateien kennt sie sich nicht aus.

»Und was haben Sie dann gemacht?«, frage ich.

»In dem Brief steht, ich solle bei der Hotline anrufen. Das habe ich getan. Da hat mich eine Frau begrüßt und hat gesagt, ich soll mit ihr ganz normal sprechen.

Bitte nennen Sie uns Ihre Telefonnummer oder geben Sie sie über die Tasten Ihres Telefons ein.

Auch das habe ich gemacht. Ich habe gesagt: ›Ich will keine Onlinerechnung.‹ Das hat sie aber nicht verstanden.«

Ich tröste sie: »Das geht nicht nur Ihnen so, Frau Müller, das ist bei diesen Sprachansagen häufig so.«

»Wirklich? Ich habe dann ganz oft gesagt: ›Ich will keine Onlinerechnung, ich will keine Onlinerechnung.‹ Aber immer wiederholte diese Computerfrau: ›Ich habe Sie nicht verstanden.‹ Irgendwann hat sie mir dann vorgeschlagen, ich soll ›Kundendienst‹ sagen. Und dann war die Dame von der Hotline zufrieden: ›Der nächste freie Platz ist für Sie reserviert.‹ Das stimmte aber gar nicht. Ich habe gewartet und gewartet, aber da kam nichts. Irgendwann war ich abgehängt. Drei, vier Tage habe ich es immer wieder probiert. Dann war ich es leid. So geht man doch nicht mit Kunden um, oder?«

Frau Müller ist 78 und hat ihre Vorstellungen, was Dienstleistung bedeutet. Sie war früher Verkäuferin. Da habe sie gelernt, dem Kunden zuzuhören und immer freundlich zu sein. Ihre Entrüstung lässt mich schmunzeln, zeigt aber gleichzeitig, wie sehr ich mich schon daran gewöhnt habe, nach maschineller Begrüßung mit quäkender Warteschleifenmusik, Dutzenden von Menüpunkten – »Wenn Sie einen neuen Vertrag möchten, drücken Sie bitte die Zwei« – dann letztendlich doch im Nirgendwo zu landen.

Frau Müller hat dann ihrer Telefonfirma, wie sie den Anbieter nennt, einen Brief geschrieben – »früher hatten

Bitte nennen Sie Ihre Rufnummer oder geben Sie sie über die Tastatur ein … Ich habe Sie nicht verstanden. Probieren wir es noch einmal … Schade, das ging wieder nicht. Sie gelangen jetzt ins Hauptmenü.

wir ja auch keine Hotlines« –, auf ihrer alten Schreibmaschine mit Durchschlag: »Sehr geehrte Damen und Herren, ihre Handy-Kurzwahl ist ein Witz. Man kann Sie nicht erreichen. Seit Tagen versuche ich Ihnen mitzuteilen, dass ich mich nicht an der Mobilfunkrechnung online beteiligen möchte.«

Der Brief müsste im Kundendienst gleich als vorsintflutliches Unikat eingerahmt worden sein, denke ich.

»Ich habe auch eine schriftliche Antwort bekommen«, erzählt Frau Müller stolz. Aber den Inhalt des Briefes findet sie auch komisch. »Schauen Sie!«

In dem Antwortbrief ist zu lesen: »Künftig erhalten Sie Ihre Rechnungen wieder per Post.« Immerhin! »Aber wundern Sie sich nicht: Ihre nächste Rechnung wird noch als RechnungOnline erstellt.«

So ein Milliardenunternehmen kann zwar von jetzt auf gleich ohne Anforderung die Rechnungen auf online umstellen, aber zurück – das geht nicht schnell. Das dauert Monate!

Und noch einen Tipp hat man Frau Müller gegeben: »Am besten speichern Sie Ihre Rechnungen aus den Vormonaten ab, denn nachdem wir diesen Zugang gelöscht haben, können Sie diese nicht mehr online ansehen.«

Frau Müller ist irritiert. »Das verstehe ich nicht. Warum abspeichern? Ich habe doch dieses online nicht. Ob die so viel zu tun haben, dass sie die Briefe nicht richtig lesen?«

Was soll ich darauf sagen? Soll ich sagen, dass man

Hier Ihre Themenauswahl: Möchten Sie ein neues Handy erhalten? Nähere Informationen bekommen Sie, wenn Sie »Neues Handy« sagen oder die Eins drücken.

Dienstleistung heute anders definiert als früher? Dass man die Kunden mit Textbausteinen abfertigt? Dass der Kunde sich den Normen der Firmen zu unterwerfen hat und nicht umgekehrt?

Am Schluss des Briefes rät man Frau Müller noch: »Rufen Sie einfach unsere Hotline an, wenn wir etwas für Sie tun können. Die Kundenberater sind 24 Stunden für Sie da.«

»Das ist doch wohl ein Witz«, entrüstet sich Frau Müller, »ich habe denen doch schon geschrieben: Da rufe ich nie wieder an.«

Ich habe Frau Müller damit getröstet, dass viele Kontakte mit diesen Telefonfirmen in Chaos ausarten. Immerhin ärgern sich 61 Prozent der Anrufer über lange Warteschleifen, 39 Prozent fühlen sich vom Sprachcomputer nicht verstanden und 25 Prozent sind von der Beratung enttäuscht. Das hat die Umfrage eines Marktforschungsinstituts ergeben.

Ich habe ihr auch gesagt, sie solle froh sein, dass sie nur einen kleinen Ausflug in den Horror unserer Hotlinegesellschaft machen musste. Es ging ja nur um eine Rechnung, die zugestellt werden sollte. Wehe aber, man will zu einem anderen Anbieter wechseln. Dann hat man schnell ein Dutzend Telefonnummern angerufen, doch nur selten einen kompetenten Menschen gesprochen, der einem helfen kann. Schnell steht man ohne Internet- und Telefonverbindung da und fragt sich, warum. Man möchte doch nur den DSL-Anschluss wechseln, um ein paar Mark zu sparen, oder den Anschluss und die Num-

Zur Abfrage Ihrer Gesprächskosten oder Änderung Ihrer Bankdaten oder Fragen zur Rechnung sagen Sie bitte »Rechnung« oder drücken Sie die Zwei.

mer in eine neue Wohnung mitnehmen. Ist das heutzutage verboten?

Wenn man dann wieder einmal in den Warteschleifen ein paar Runden gedreht hat, dann ist gerne von einem mysteriösen »Port« die Rede. Port? Ja, man muss sich auskennen, wenn man im virtuellen Universum nicht verloren gehen will. Simone, eine Freundin von mir, ist eine hartnäckige Person. Sie hat herauszufinden versucht, was es mit diesem ominösen Port auf sich hat. Sie hatte bei ihrem Provider fristgerecht gekündigt, um zu einem anderen zu wechseln, und dort einen neuen Vertrag abgeschlossen. Aber dann passierte gar nichts, außer dass sie ab dem Kündigungszeitpunkt kein Telefon und kein Internet mehr hatte. Das war eigentlich nicht ihr Ziel.

»Ihr Port ist nicht freigeschaltet«, bekam sie zu hören, als sie nach den Gründen forschte. Simone ist, wie gesagt, hartnäckig. Sie hat dennoch geraume Zeit gebraucht, dem Mysterium auf die Spur zu kommen. Sie fand heraus, dass dieser Port – zu Deutsch »Anschluss« oder eben »Port« – wirklich existiert. Ein Techniker muss an einer Art Verteilstation einen Hebel umlegen. Aber dieses Hebelumlegen muss auch administrativ dokumentiert werden. Beide Vorgänge – den administrativen und den mechanischen – müssen die beiden Telekommunikationsfirmen absprechen. Das ist schwierig, denn jeder Anbieter bearbeitet diesen Port anders. Und deshalb verliert sich der Kunde, der selbst kündigt, häufig in einem Kuddelmuddel, weil der eine Anbieter noch nicht freigeschaltet, der andere aber bereits abgeschaltet hat.

Wollen Sie Ihre Mobilfunkkarte sperren, entsperren oder aktivieren, sagen Sie »Auftrag« oder drücken Sie die Drei.

Simone hat eines gelernt, als sie nach Wochen das Geheimnis des Ports gelüftet hatte: Es ist immer besser, wenn der neue Anbieter für den Kunden bei dem alten kündigt. Wer selbst kündigt, verliert sich im Niemandsland zwischen altem und neuem Anbieter – mit den beschriebenen Folgen: kein Internet, kein Telefon.

Wie viele Stunden unseres Lebens wir in den unendlichen Tiefen des modernen Hotlineuniversums verbringen, musste auch Marc leidvoll erfahren. Er sitzt mit mir im Biergarten. Marc ist ohne Zweifel ein digital native, also digitaler Eingeborener. Er kennt sich aus in der IT-Welt. Marc hat nicht gekündigt, er hat auch keinen Umzug bei der Hotline angemeldet. Er ist nur mit der Leistung seines DSL-Anschlusses nicht zufrieden, erzählt er mir bei einem Weizenbier.

»Was für ein Saftladen«, lautet sein Fazit. Er meint die Supporthotline seines DSL-Anbieters. Es tröstet mich sehr, dass auch er an die Grenzen seiner nervlichen Belastbarkeit gestoßen ist und gut einen Plastikhammer hätte brauchen können, wie ich ihn Hans geschenkt habe. Nur hätte er damit nicht seine Aggressionen gegen Computer, sondern gegen Hotlineservicehelfer abreagieren wollen.

Damit ist er nicht alleine. Eine Umfrage des Deutschen Instituts für Service-Qualität unter Nutzern von DSL-Anschlüssen brachte zutage: Der Service von Internetanbietern wird immer schlechter. Die Hälfte der Gespräche wurde von den Testern bemängelt. Statt 30 Sekunden muss man inzwischen 60 Sekunden in der Warteschleife

Wollen Sie Ihre Mobilfunkkarte sperren, entsperren oder aktivieren, sagen Sie »Auftrag« oder drücken Sie die Drei.

ausharren. Und wenn man es per E-Mail versucht, dauert es noch länger. Rund 70 Stunden müssen die Kunden auf eine Antwort warten – wenn sie überhaupt eine bekommen; 20 Prozent aller Kundenmails werden überhaupt nicht beantwortet.

Aber Marc trösten diese Zahlen nicht. Er hat einen Vertrag über einen DSL-Anschluss mit einer Bandbreite von sechs Megabit abgeschlossen. Nach kurzer Zeit stellt er fest, dass der Anschluss nicht die volle Leistung bringt, obwohl er die volle Leistung bezahlt. Wie andere Menschen auch ruft er bei der Hotline an. »Haben Sie Ihre Kundenummer und Ihr Passwort zur Hand?«, lautet die erste Frage. Marc weiß, dass er ohne diese Losungswörter der Neuzeit keine Chance auf eine befriedigende Auskunft hätte. Er ist deshalb vorbereitet und hat beides vor sich liegen.

Bevor man sein Problem schildern darf, muss man immer erst einmal die Fragen der Hotline beantworten. Auch das weiß er. »Haben Sie alles richtig eingestellt?«, lautet die zweite Frage. Die dritte: »Haben Sie schon einmal alles ausgeschaltet und Reset gedrückt?«

»Reset« ist eine Art Running Gag, den jeder Anrufer zu hören bekommt. Dann ist der Kunde erst einmal beschäftigt. Er klettert unter den Schreibtisch, kontrolliert alle Kabel, zieht sie heraus und steckt sie wieder hinein. Erst wenn man aus den Untiefen des heimischen Kabelsalates wieder an die Oberfläche kommt und erschöpft sagt: »Alles in Ordnung«, kümmert man sich weiter um den Kunden. Aber Marc hat alles richtig gemacht und

Aktuelles zu den aktuellen EU-Roaming-Preisen erfahren Sie, wenn Sie »Ausland« sagen oder die Vier drücken.

schon längst alles aus- und wieder eingeschaltet, auch Modem, Splitter, Router überprüft.

Jetzt kommt *die* Allzweckwaffe der Hotliner – immer wieder gern vorgeschlagen und ebenso gern vom Kunden gehört: »Ich werde mal die Leitung durchmessen.« Das kann ja nicht schaden. Nach der Messung wird der Eindruck von Marc zur Gewissheit. Die Sechs-Megabit-Leitung bringt nur zwei Megabit.

»Ich ändere das«, verspricht der junge Mann am anderen Ende und spendiert auch noch eine Gutschrift von zehn Euro, weil ja die bezahlte Leistung eine Zeit lang nicht zur Verfügung gestanden hat.

Marc ist sehr zufrieden.

Schade nur, dass die Geschichte damit noch nicht zu Ende ist. Jetzt geht es erst richtig los: Marcs Rechner ist nicht mehr in der Lage, eine stabile Internetverbindung aufzubauen. Immer wieder wird er vom World Wide Web abgehängt.

Marc telefoniert erneut mit der Hotline … natürlich mit einer anderen Person. Er erzählt alles von vorne: dass er einen bestimmten DSL-Anschluss gebucht, aber weniger Leistung als versprochen habe und nun auch noch das Internet nicht funktioniere. Er wird gefragt, ob alles richtig eingestellt sei, er die richtige Verkabelung benutze, schon einmal resettet habe. Dann wird die Leitung erneut durchgemessen.

Nichts ändert sich.

Wieder ein Anruf, der nächste Hotliner: DSL-weniger-Leitung-kein-Internet-Kabel-richtig-resettet. Er versucht mitzuteilen, dass man ihm nicht sagen müsse: »Schließen

Sagen Sie »Zurück« oder drücken Sie die Null, um zurück ins Hauptmenü zu gelangen.

Sie den Computer an die Steckdose an, nur so kann er funktionieren.« Er verweist auf seine IT-Kenntnisse. Aber es hilft nichts. Bei der Supporthotline gelten als Kunden als gleich … dumm.

Erneut wird die Leitung durchgemessen. Das Internet funktioniert trotzdem nicht. Unzählige Male geht das so: Hotline anwählen, neue Person, DSL-kein-Internet-Kabel-reset …

Inzwischen hat Marc sich schlaugemacht. Er kann erklären, dass es sich um sogenannte Sync-Verluste handelt. Dabei steht zwar theoretisch die volle Leistung zur Verfügung, zwischen dem Server des Providers und seinem Computer kommt es aber zu Ausfällen, zu Verlusten. Die angeblichen Supportexperten am anderen Ende des Telefons können mit Sync-Verlusten nichts anfangen. Stattdessen wird erneut die Leitung durchgemessen, als wolle man mit »Leitung-durchmessen« in das Guiness-Buch der Rekorde. Man hat aber noch ein paar Tipps auf Lager: »Vielleicht ist Ihr Rechner oder Ihr Modem kaputt? Oder Ihr Splitter?«

Marc baut die Geräte alle ab, geht in einen Laden, tauscht sie aus, geht wieder nach Hause und schließt sie wieder an. Es bleibt alles beim Alten.

Weitere ungezählte Anrufe bei der Hotline … Irgendwann wird versprochen, einen Techniker vorbeizuschicken. Der stellt fest, was Marc schon längst weiß. Es gibt Sync-Verluste, aber die Gründe dafür kennt der Techniker auch nicht. Er kann nur raten. »Sie können keine sechs Megabit bekommen, nur ca. vier bis fünf.«

Herzlich willkommen im Hauptmenü. Hier noch einmal Ihre Auswahl. Wählen Sie mit der Tastatur Ihres Telefons …

»Warum?«

»Jeden Tag werden neue DSL-Anschlüsse geschaltet, aber das sind dann irgendwann so viele, dass dann halt auch die Leistung abfällt.«

Was das Unternehmen aber nicht daran hindert, weiter DSL–Anschlüsse mit einer angeblichen Bandbreite von sechs Megabit zu verkaufen.

Das Internet läuft – genau eine Woche lang nach dem Besuch des Technikers. Dann bricht die Verbindung wieder ab. Marc ruft erneut bei der Hotline an, verweist auf die lange Vorgeschichte und fragt zum hundertsten Mal, ob von dem gesamten Vorgang denn nichts im Computer stehe. Es hilft nichts. DSL-weniger-Leistung-kein-Internet-Kabel-richtig-angeschlossen-resettet-Modem-Splitter-ausgetauscht-Techniker-vor-Ort ... Und: »Ich muss erst einmal die Leitung durchmessen.«

Und dann erlebt Marc eine neue Variante: Er erhält eine SMS: »Leider konnten wir keinen Fehler feststellen. Bitte wenden Sie sich an den Internetsupport unter der kostenpflichtigen Nummer 1 22 34 56.«

Marc platzt vor Wut, fühlt sich ohnmächtig und ausgeliefert. Aber er ruft den Support nicht an. Er wartet einfach. Ein paar Tage später läuft das Internet wieder wie gewohnt. Einfach so. Warum? Er kann es sich nicht erklären.

»Und was für eine Leistung hast du heute?«, will ich wissen.

»Immer noch dieselbe. Ich zahle für sechs Megabit, und ab und zu habe ich Aussetzer. Damit habe ich mich abgefunden.«

Für eine persönliche Beratung verbinde ich Sie nun mit unserem Team.

Es ist eben nicht alles erklärbar in der heutigen Zeit.

Diese Erfahrung mache auch ich, als ich eines Morgens mein Festnetztelefon benutzen will. Es ist tot. Nichts geht mehr. Ich rufe übers Handy die Servicehotline meines Festnetzanbieters an. Alle Leitungen sind besetzt. Ich versuche es Dutzende von Malen. Nach Warteschleife, Produktwerbung, Menüwahl und Musik habe ich irgendwann einen Menschen am Apparat.

Dieser Mensch rät mir, alle Geräte auszuschalten. Nachdem ich pflichtgemäß unter den Tisch gekrabbelt bin – ohne diesen Ritus erhält man keinen Eintritt in die Telekommunikationshotlinewelt –, alles aus- und wieder eingeschaltet habe, folgt das obligatorische »Ich messe die Leitung durch«.

Die Leitung ist tot.

»Könnte es nicht sein, dass in der gesamten Region ein Ausfall vorliegt?«, ist meine Vermutung.

»Nein, auf keinen Fall. Alle Knotenpunkte sind intakt. Der Schaden liegt bei Ihnen.«

Der Hotlinemensch verspricht sich zu melden. Das tut er natürlich nicht.

Ich rufe wieder an. Wieder besetzt. Service bedeutet im 21. Jahrhundert Geduld haben und warten. Über eine halbe Million Menschen jobben mittlerweile in diesen Anruffabriken. Die meisten Firmen haben inzwischen ihren Kundenservice ausgelagert. Die Arbeitsbedingungen sind schlecht. Dafür habe ich Verständnis. Kein Verständnis habe ich aber dafür, dass die unzähligen Beschwerden, die sich auch bei Verbraucherzentralen

Zur Qualitätssicherung werden einzelne Gespräche mitgehört oder aufgezeichnet. Wenn Sie uns einen Hinweis geben, verzichten wir auf diese Maßnahme.

häufen, ungehört verhallen, dass niemand diesem miserablen Service Einhalt gebietet, dass wir für den lausigen Service auch noch im Minutentakt abgezockt werden.

Irgendwann schaffe ich es erneut, vom Sprachcomputer zu einem leibhaftigen Menschen vorgelassen zu werden, und erzähle meine Geschichte erneut. Nein, kein Schaden in der Region, die Leitung im Haus muss schuld sein. Es wird noch einmal durchgemessen. Die Leitung ist tot. So weit waren wir schon. Aber immerhin: »Wir schicken einen Techniker vorbei. Wir melden uns, damit der Technikdienst einen Termin mit Ihnen ausmacht.«

Ich denke an früher. Da war ich Kunde bei der Deutschen Post, einem Monopolunternehmen. An meinem grünen Tastentelefon war ein extralanges Kabel. Nach einiger Zeit ging dieses Kabel immer kaputt. Ich rief bei der Störungsstelle dieses Monopols an, die schickte am nächsten Tag einen Techniker, und der tauschte das Kabel aus. Dann konnte ich wieder telefonieren. So einfach war das. Das waren wunderbare Zeiten. Weil es aber keinen Wettbewerb gab, schaffte man das Monopol ab. Die Preise waren zu hoch, der Service galt als schlecht. Man liberalisierte den Markt, und alles sollte besser werden. Jetzt haben wir viel Wettbewerb, und ich denke gerne zurück an das grüne Telefon, das Kabel und den Techniker. Das ist lange her.

Der versprochene Anruf des Technikdienstes bleibt aus. Es meldet sich niemand. Inzwischen bin ich einen Tag ohne Telefon. Mein Handy benutze ich inzwischen hauptsächlich, um die Hotline meines Telefonanbieters

Möchten Sie das folgende Gespräch im Nachhinein bewerten, drücken Sie bitte die Eins für ja oder die Zwei für nein.

zu erreichen. Irgendwann, bei dem gefühlten zweihundertsten Versuch, lasse ich meinem Ärger freien Lauf: über komplizierte Sprachcomputer, unkundige Mitarbeiter, lange Wartezeiten, leere Versprechungen und hohe Kosten. Schließlich sind diese Servicenummern alle kostenpflichtig. Das gilt als intelligentes Geschäftsmodell.

Meine Beschwerde zeigt Erfolg: »Die Handykosten übernehmen wir. Sie können sich darauf verlassen, wir kümmern uns um den Schaden in Ihrer Leitung.«

Das klingt gut. Mehr aber auch nicht. Als sich am Ende des zweiten Tages immer noch kein Technikdienst gemeldet hat, und ich Warteschleifen leid bin, rufe ich – ganz keck – die Geschäftskundenhotline an. Dort sagt man mir, dass ich keine Auskunft erhalte, weil ich ja kein Geschäftskunde bin. Schade …

Am dritten Tag ertrage ich mein Schicksal inzwischen stoisch. Früher haben die Menschen auch ohne Telefon gelebt. Die Nummer der Hotline kenne ich inzwischen auswendig, das »leider sind zur Zeit alle Plätze belegt« bringt mich nicht aus der Ruhe, ich mache in der Wartezeit den Abwasch. Als alle Töpfe sauber im Schrank stehen, werde ich zum nächsten freien Platz verbunden: »Wieso sollen wir Ihnen einen Techniker vorbeischicken? Es handelt sich um ein regionales Problem. Ihr Anschluss hat damit gar nichts zu tun. Wir arbeiten daran.«

Ich atme tief durch.

Nach vier Tagen geht mein Telefon plötzlich wieder.

Kennen Sie schon Ihr Kundencenter im Internet? Zu Ihrem persönlichen Kundencenter können Sie sich ganz individuell informieren, Ihre Daten verwalten, auf Ihre Rechnungen zugreifen und vieles mehr.

Als meine nächste Handyrechnung kommt, erinnere ich mich an das Versprechen der Hotlinedame. Ich kennzeichne die Mobilfunktelefonate, die ich an den vier Tagen ohne Festnetztelefon geführt habe, und schicke die Rechnung an meinen Festnetzanbieter. Per Post!

Tage später erhalte ich eine Antwortmail vom Kundenservice: »Lieber Kunde, bitte beachten Sie, dass wir zur Prüfung der zu erstattenden Mobilfunkkosten nicht nur die erhöhten Rechnungen, sondern auch drei reguläre Rechnungen aus den Vormonaten benötigen. Nur so ist es uns möglich, die tatsächlich entstandenen Mehrkosten zu errechnen und gegebenenfalls zu erstatten.«

Ich bin richtig wütend. Ich zahle die Gebühren für das Telefon, ich zahle Gebühren für die Servicehotline, ich schreibe per Post und frankiere den Umschlag. Kaum habe ich die Mail gelesen, drücke ich spontan auf Antworten:

»Lieber Kundenservice, ich habe ja geahnt, dass Sie Ihr Versprechen, für die Kosten an den vier Tagen aufzukommen, nicht so einfach einlösen würden. Sie enttäuschen mich nicht. Wie Sie meinem Brief entnehmen können, habe ich bereits auf der eingereichten Mobilfunkrechnung die betroffenen Tage angestrichen und außerdem die Summe errechnet. Ein Blick in Ihre Unterlagen hätte Ihnen außerdem zeigen können, dass die angegebenen Tage mit denen der Störung übereinstimmen. Ich schicke Ihnen auch gerne noch drei weitere Rechnungen zu, frage mich aber, ob Sie glauben, ich würde jeden Monat aus Jux und Dollerei immer wieder

Einfach anmelden mit Ihrer Mobilfunk- und Kundennummer. Und übrigens: Ihre Kundennummer finden Sie ganz einfach auf Ihrer Rechnung.

Ihre Hotlinenummern anrufen? Ich kann Ihnen versichern, so ein Vergnügen ist das nicht!«

Zwei Minuten später habe ich bereits eine Antwort: »Bitte beachten Sie, dass dies eine automatisch erstellte E-Mail ist und Sie über diesen Weg keine weitere Anfrage oder Antwort an uns richten können.«

Ich könnte in die Luft gehen wie das HB-Männchen in grauer Vorzeit. Ich kopiere die drei Rechnungen und schreibe wieder einen Brief, der ordentlich frankiert an den Kundenservice geht.

Vier Monate nach der Störung habe ich die 17,09 Euro tatsächlich auf meinem Konto.

Mein Name ist Andreas Moneta. Was kann ich für Sie tun?

Schönen guten Tag, ich habe folgendes Problem: Ich möchte meinem Freund gerne etwas auf die Mailbox sprechen, ohne dass sein Handy klingelt. Er soll nicht gestört werden. Geht das?

Sie möchten also bei jemandem anrufen, aber es soll bei ihm nicht klingeln, sondern gleich auf die Mailbox gesprochen werden?

Genau.

Da gibt es keine Möglichkeit, es sei denn, er hat das Handy aus, nur dann können Sie direkt auf die Mailbox sprechen … aber so genau kenne ich mich da leider nicht aus. Ich mache mich schlau für Sie … Bleiben Sie dran. Ich bin gleich wieder da.

Willkommen. Mein Name ist Susanna Scholten. Was kann ich für Sie tun?

Wie bin ich jetzt zu Ihnen gekommen? Gerade war noch ein Herr dran, der sich für mich erkundigen wollte …

Wo der junge Herr geblieben ist, weiß ich nicht. Was kann ich denn für Sie tun?
Mhm, ich möchte meinem Freund gerne etwas auf die Mailbox sprechen, ohne dass sein Handy klingelt. Geht das?
Nein, das geht leider nicht. Es klingelt bestimmt.
Keine Chance?
Nein, es wird klingeln, außer er hat das Handy aus!
Acht Minuten hat es gedauert, bis ich diese – falsche – Auskunft erhielt.
Tatsächlich kann man jede Mobilbox erreichen, ohne dass es klingelt. Man muss nur die entsprechenden Anbieterkennziffern zwischen die Vorwahl und die Nummer tippen. Für die T-Mobile ist es die 13, für Vodafone die 50, bei E-Plus die 99 und bei O_2 die 33. Aber ich ahnte ja von Anfang an, was jeder von uns ohnehin weiß: Hotlinemitarbeiter sind meist freundlich, dafür aber mäßig kompetent, und sie gelangen schnell an ihre Grenzen.

Mit oder ohne Rüschen? – Die Zweiklassengesellschaft im Alltag

Service ungenügend: Die Stromanbieter befinden sich seit Jahren im Abwärtstrend, was Kundenorientierung betrifft. Fondsgesellschaften, Internetanbieter, Discounter, Postfilialen, Mobilfunkanbieter sind aber auch nicht viel besser. Diese Branchen beurteilen die Bürger mit mangelhaft. Der »Kundenmonitor Deutschland« misst seit Jahren die Kundenzufriedenheit bei privaten Verbrauchern. Die letzte Umfrage des Beratungsunternehmens ServiceBarometer brachte außerdem zutage: Alle 24 untersuchten Branchen von Lebensmittelmärkten und Reiseveranstaltern bis hin zu Stromversorgern oder Fondsgesellschaften schneiden schlechter ab als die Jahre zuvor.

Dabei sind die Wünsche der Kunden simpel und konstant: Sie wünschen sich freundliche Mitarbeiter, die umfassend beraten, Aufträge zuverlässig und schnell erledigen und bei Beschwerden zuvorkommend reagieren. Diesem Idealbild können anscheinend am ehesten kleinere Fachgeschäfte entsprechen. Apotheken und Optiker erhalten die besten Noten von den Kunden. Die Deutschen lieben es eben, wenn sie persönlich angesprochen werden, wenn der Apotheker bei einer Unklarheit beim Arzt nachfragt, der Optiker auf die individuellen Wünsche eingeht oder der Bäcker den Kuchen zurücklegt.

Nur leider ist der Kunde kein rationales Wesen: Einerseits liebt er die kleinen Geschäfte, andererseits trägt er mit seinem Kaufverhalten – »billig ist geil« – dazu bei, dass sich kleine Geschäfte immer schwerer am Markt behaupten können. Wer in großen Elektronikgeschäften den Fernseher oder den Computer kauft, entzieht damit genau diesen kleinen, persönlichen Fachgeschäften die Geschäftsgrundlage. Denn im Preiswettbewerb ziehen sie häufig den Kürzeren. Die Folge: Die Märkte werden bestimmt von großen Ketten und Unternehmen, die wiederum können die niedrigen Preise nur halten, wenn sie am Service sparen. Der einzelne Käufer ist also ein Puzzlestein in einem großen Spiel. Er setzt mit seinem Verhalten Trends, die ihm selber das Leben schwer machen.

Das ist einer der Gründe, warum wir immer mehr selbst machen müssen und daran verzweifeln.

Eine andere – europaweite – Umfrage bestätigt ebenfalls die Unzufriedenheit der Verbraucher mit Energieversorgern, aber auch mit Banken und Nahverkehrsbetrieben. Die Kritik am Service ist also nicht einer vermeintlichen Nörgelei der Deutschen geschuldet, sondern auch bei Italienern, Spaniern, Franzosen oder Briten vorzufinden. Wir befinden uns also in guter europäischer Gesellschaft. Und noch eins verbindet die Menschen über die Grenzen hinweg: Sie leiden vor sich hin und machen ihrem Ärger nur privat Luft. Nicht einmal zehn Prozent haben ihrem angestammten Strom- oder Gasanbieter den Rücken gekehrt.

Bei der Bahn allerdings gab es vor Kurzem eine hoffnungsvolle Ausnahme. Die Kunden wehrten sich, und hatten Erfolg: Als Planungen publik wurden, dass persönlicher Service in Zukunft eine Extragebühr kosten solle, regte sich ein solcher Widerstand, dass die Bahn dieses Vorhaben zurücknehmen musste. Ein genereller Servicezuschlag war nicht durchzusetzen – das hindert sie aber nicht, zum Beispiel für die Ausstellung von Wochenend- oder Ländertickets am Schalter solche Extragebühren zu verlangen.

Die Absicht, den Kunden einfach vor vollendete Tatsachen zu stellen, ging in diesem Fall nicht auf. Ganz im Gegenteil: Der Imageschaden war enorm.

Peter Maas von der Universität St. Gallen wundern solche Ergebnisse nicht. 94 deutsche Unternehmen nehmen er und seine Kollegen jährlich unter die Lupe, um herauszufinden, welche von ihnen ein Siegel für starke Kundenorientierung verdient haben.

Oder anders ausgedrückt: bei welchen Dienstleistern die Kundenbedürfnisse tatsächlich im Mittelpunkt stehen. So wird Dienstleistung schließlich definiert. Die Ergebnisse des Instituts für Versicherungswirtschaft in St. Gallen stimmen weitgehend mit denen des Kundenmonitors überein. Danach gilt die Daumenregel: Je größer das Unternehmen, desto eher bleibt der Kunde auf der Strecke. Und: Unternehmen, die der Eigentümer selbst leitet, haben häufig einen besseren Service. Manager hingegen reden gerne über Marktstrategien, aber das Wort »Kunde« taucht dann in der Wirklichkeit nicht mehr auf.

Die Hamburger Drogeriekette Budnikowsky zeigt, wie es besser geht: Das Unternehmen steht für eine besondere Philosophie; Dienst am Kunden ist hier keine leere Floskel, sondern wird bis in die oberste Hierarchieebene praktiziert. Manager und Filialleiter sind in den Märkten genauso präsent wie das Kassenpersonal. Die Firma engagiert sich darüber hinaus in Nachbarschafts- und Umweltprojekten. Die Kunden honorieren, dass bei diesem Drogeriemarkt auch noch andere als rein ökonomische Wertvorstellungen gelten, und geben ihm außerordentlich gute Noten.

Aber auch andere Unternehmen wie die Gmünder ErsatzKasse schneiden gut ab. Diese Krankenkasse ist ehemals als »Nationale Kranken- und Begräbniskasse des Gewerkvereins der Deutschen Gold- und Silberarbeiter und verwandter Berufsgenossen« gegründet worden. Die Kasse pflegt eine Nähe zum Kunden, wie man es bei Unternehmen, die aus dem genossen- oder knappschaftlichen Gedanken heraus entstanden sind, noch häufiger findet. Beschwerden werden schnellstens beantwortet, kein Brief liegt länger als einen Tag unbeantwortet im Eingangskörbchen. Prävention wird großgeschrieben, Bonusmodelle schnell und zügig umgesetzt, und nicht zuletzt bemüht sich die Kasse, den Ermessensspielraum für die Versicherten optimal zu nutzen.

Erwähnenswert auch die Interhyp, eine Firma, die sich zu Anfang auf die Vermittlung von Baufinanzierungen über das Internet spezialisiert hatte. Inzwischen hat die Interhyp auch fast zwei Dutzend Filialen gegründet, weil man begriffen hat, dass die persönliche Beratung durch nichts zu ersetzen ist. Die Firma macht nun genau mit dem Service gutes Geld, den die Banken reduziert haben. Sie sucht nicht nur nach günstigen Hypotheken, sondern gibt auch steuerliche Einschätzungen oder Projektbewertungen ab. Ein Service, der bei den Kunden anzukommen scheint und der die Firma im letzten Ranking des Instituts für Versicherungswirtschaft in St. Gallen in die Spitzengruppe vorstoßen ließ.

Es geht also auch anders. Generell nämlich steht der Bankensektor ganz und gar nicht in der Gunst der Kunden, im Kundenmonitor findet man ihn auf den hintersten Rängen: Der Kunde hat kaum Kontakt zu den Bankmitarbeitern – dem Onlinebanking sei Dank. Aber daran liegt es nicht allein. Die Beratung hat nicht erst seit der Finanzkrise einen schlechten Ruf, und die Angebote der

Kreditinstitute sind für die Kunden kaum durchschaubar. Nicht einmal ein Drittel der Europäer schafft es, die Angebote verschiedener Kreditinstitute miteinander zu vergleichen. Nur elf Prozent aller Kunden haben in den letzten Jahren ihre Bank gewechselt, obwohl Gebühren und Kreditzinsen sich erheblich unterscheiden.

Ein weiterer Grund für unsere täglichen Ausflüge in den Irrgarten der deutschen Servicewelt liegt eben in der Undurchschaubarkeit der Märkte: Die Preisdifferenzierung bei den Fluggesellschaften ist inzwischen so groß, dass ein Vergleich kaum noch möglich ist. Basic, Spar- oder Flextarife, Zusatzkosten für Getränke, Gepäck und Übergewichtige müssen berücksichtigt werden.

Bei den Krankenkassentarifen haben wir die Wahl zwischen »EKN 250«, »Vision 1«, Wahltarif, Komfort oder optimiertes Beitragsverhältnis.

Im Mobilfunksektor werden wir mit »T-mobile Relax«, »O_2 Loop S«, »vodafone CallYa 5/15«, »Genion Flatrate L« und wie sie alle heißen, konfrontiert.

Stromtarife haben so tolle Namen wie »123 privat 360«, »stromistbillig« oder »HalloSpar!«.

Gerade bei der Liberalisierung des Strommarktes hatte die Politik den Verbrauchern versprochen: Mit dem Wettbewerb würden die Preise fallen und der Service besser werden. Beides war gelogen. Eine Studie der Fachhochschule Gelsenkirchen zeigt eindeutig: Die Öffnung der Energiemärkte und das blinde Vertrauen in die Selbstheilungskräfte des Marktes haben nur einem genutzt: dem Oligopol der Stromversorger. Die Preise sanken von 1998 bis 2007 gerade mal um schlappe fünf Prozent – dafür lesen wir heute den Strom selbst ab –, während die Konzerngewinne nach Steuern um 118 Prozent zulegten.

Für Heinz-Josef Bontrup, den Leiter dieser Studie, ist

klar: Der Wettbewerb als Selbstregulativ versagt in dieser Branche vollends. Auch Peer Steinbrück, Bundesfinanzminister in der Großen Koalition, fragt sich, ob »wir es nicht mit der Deregulierung zu weit getrieben haben. Deregulierung stößt für mich dort an ihre Grenze, wo sie gegen fundamentale moralische Maßstäbe verstößt.« Er hat zwar in erster Linie die Finanzmärkte mit ihrer Regel- und Zügellosigkeit im Blick, aber treffen seine Äußerungen auf den Strommarkt nicht gleichermaßen zu?

Wettbewerb funktioniert nur dann, wenn alle Marktteilnehmer vollkommene Transparenz haben – so will es die Theorie. Diese vollkommene Transparenz ist aber kaum gegeben und wird von den Unternehmen auch gar nicht angestrebt. Die Telekommunikationsfirmen beispielsweise unternehmen alles, um den Wettbewerb zu untergraben, indem sie so viele verschiedene Angebote schaffen, dass statt vollkommener Transparenz totale Intransparenz herrscht. Gleiches gilt für die Fluggesellschaften, die Krankenkassen, die Banken …

Die Gesellschaft wird nur noch über globalisierte und liberalisierte Märkte gesteuert. Aufgaben, die früher der Staat übernommen hat, werden immer mehr privatisiert. Noch vor Jahren standen das Verkehrs-, Post- und Fernmeldewesen, die Wasser- und Energieversorgung, die Bildung, die Wissenschaft und die Gesundheitsversorgung unter staatlichem Schutz. Jetzt ist kein gesellschaftlicher Bereich – egal ob Kindergärten oder Rente – vor der Liberalisierung mehr sicher. Der deutsche Sozialphilosoph Oskar Negt nennt das die »betriebswirtschaftliche Kontaminierung der Gesellschaft«.

Diese Glorifizierung der Liberalisierung und der Rückzug des Staates bedeuten für den Einzelnen: Er ist ununterbrochen aufgerufen, sich zu informieren, sich zurechtzufinden, zu vergleichen, und sich zu entscheiden. Diese gesellschaftlichen Veränderungen sind schleichend vonstattengegangen und haben unseren Alltag nach und nach verändert. Der Eindruck, sich um immer mehr selbst kümmern zu müssen, entspricht also den realen Gegebenheiten. Unser Alltag ist tatsächlich immer komplexer und komplizierter geworden.

Nehmen wir das Beispiel Rente: Wir alle haben inzwischen verstanden, dass wir aufgrund der demografischen Entwicklung eine private Altersvorsorge auf freiwilliger Basis benötigen, um unsere persönliche Vorsorgelücke zu schließen. Was aber heißt das? Rürup oder Riester oder besser Banksparpläne? Betriebsrente, ja oder nein? Wohnriestern, private Riesterrente oder besser einen Riester-Fondsparplan? Bei welchem Anbieter? Wie werden die Abschluss-, Vertriebs- und Verwaltungskosten berechnet … Jede Bank, jede Versicherungsgesellschaft macht es anders.

Rein theoretisch hätte auch der Staat eine staatliche Riesterrente auflegen können. Das hätte den Bürgern eine Menge Chaos erspart. Da sich der Staat aber immer stärker aus der sozioökonomischen Grundversorgung zurückzieht, schafft er neue Märkte, die dann wiederum Finanzdienstleister mit völlig unterschiedlichen und unübersichtlichen Angeboten überschütten. Uns wird die Aufgabe aufgebürdet, uns durch diesen Irrgarten einen Weg zu bahnen und eine halbwegs vernünftige Entscheidung zu treffen.

Zwar gibt es Institutionen wie Verbraucherzentralen, die Stiftung Warentest und unzählige Internetportale, die die Verbraucher und Bürger dabei unterstützen wollen, sich Durchblick zu verschaffen, Preise zu vergleichen, die Qualität und auch die Bedienbarkeit der Produkte und Dienstleistungen zu beurteilen. Doch ungewollt vergrößern sie die Komplexität noch, der wir eigenverantwortliche, mündige Bürger ausgesetzt sind, indem sie Hunderte von verschiedenen Krankenversicherungen mit all ihren Fußnoten und Fußangeln auflisten, anstatt den ganzen Schwachsinn in Bausch und Bogen zu verdammen.

Diese neuen Aufgaben, die aus der Deregulierung und Liberalisierung folgen, stellen aber nicht nur immer größere Anforderungen an jeden Einzelnen, sie vergrößern auch gleichzeitig die Schere zwischen Arm und Reich. Durchblick, Service, Komfort werden immer mehr zu Gütern, die man sich kaufen kann. Wissenschaftler drücken das anders aus: Sie sprechen von der Ausdifferenzierung oder Spreizung der Märkte. Das gibt es bereits in der medizinischen Versorgung, im Bildungsbereich, und nun wird auch der Alltag in all seinen Facetten zum Zweiklassensystem. »No frills« oder »value added service« – so lauten die Konzepte.

»No frills« heißt wörtlich übersetzt »ohne Rüschen«, »ohne Schnickschnack«. Service wird reduziert auf das geringst mögliche Maß. Fluglinien wie Ryanair treiben dieses Konzept auf die Spitze: Fluggäste müssen die Gepäckstücke demnächst selbst zum Flugzeug tragen. Der Billigcarrier denkt außerdem über Toilettengebühren nach und prüft, ob man Fluggäste auch im Stehen transportieren kann. No frills – kein Rüschen!

Mobilfunkdiscounter sind ein anderes Beispiel oder auch Lebensmitteldiscounter wie Aldi oder Lidl. Sie arbeiten mit verringertem Warenangebot und spärlicher Ausstattung. Friseure bieten »Cut and go« an – Haarschnitt und sonst nichts. No-frills-Hotels wie Formule 1, Etap oder Accor bieten Gästen eine besonders preiswerte Übernachtung, indem sie auf Minibar, Zimmerservice oder Frühstück verzichten.

Das Gegenteil von »no frills« sind Produkte *mit* Rüschen, »value added services« genannt: Man bekommt mehr Service, muss ihn aber extra bezahlen. In der ersten Klasse der Deutschen Bahn bringt der Zugbegleiter den Kaffee zum Sitzplatz, bei großen Elektronikmärkten wird unterschieden zwischen der Zweijahres- und der Fünfjahresgarantie. Die Telekom bietet eine Service-Flatrate an. Für 4,99 Euro monatlich unterstützen Experten der Telekom den Kunden bei allen Fragen zum Personalcomputer und zu den wichtigsten Anwendungsprogrammen. Auch Shell bietet einen value added service an. An ausgewählten Zapfsäulen betankt ein Mitarbeiter für einen Euro das Fahrzeug, prüft den Ölstand oder reinigt die Frontscheibe. Bei großen Ausstellungen wie beispielsweise der MoMa-Ausstellung 2004 in Berlin brauchte man mit teuren VIP-Karten nicht in der Schlange zu stehen.

Dienstleistung wird also zum kostenpflichtigen Zusatzangebot. Wer sich das nicht leisten kann, hat Pech gehabt oder mutiert zu seinem eigenen Dienstleister. Er bucht das Ticket im Internet oder kümmert sich selbst um das Downloaden des Virenschutzprogramms.

Glaubt man den Wissenschaftlern, werden sich diese Trends verstärken. Die jüngere Generation kennt es nicht anders. Sie zahlt oder macht selbst. Alte Menschen, Ausländer, Menschen mit wenig Geld und oder geringer Bildung sind die Verlierer.

Mit Rüschen oder ohne Rüschen – das ist also das Symbol für eine Spreizung der Märkte und gleichzeitig für die Spaltung der Gesellschaft.

Nicht wir sind blöd …
Elf Tipps für den Alltag

Es gäbe noch tausend Geschichten zu erzählen. Über Menschen, die ihre hart ersparten 10 000 Euro anlegen wollen und sich außerstande sehen, sich zwischen dem offenen Immobilienfonds und der Festgeldanlage zu entscheiden. Über Menschen, die an der Bedienung ihres neuen Navigationssystems oder ihres Hightech-Herdes verzweifeln. Überforderung, Technikfrust, schlechter Service gehören zu unserem Jahrhundert wie Flöhe, Pferdekutschen und stinkende Abwässerkanäle zum Mittelalter.

Die IT-Entwicklung wird weiter voranschreiten und unseren Alltag bestimmen. Die Komplexität von Produkten wird eher zu- als abnehmen. Sie wird uns zu ewig Lernenden machen. Die Märkte für Produkte und Dienstleistungen werden sich weiter differenzieren. Geld und Bildung sind entscheidende Voraussetzungen, um dieser Differenzierung gewachsen zu sein. Der Rückzug des Staates fordert immer mehr Eigeninitiative und Eigenverantwortung.

Bisher nehmen wir diese Veränderungen nur einzeln und als individuelles Problem und nicht als Trend wahr, der wie ein Tsunami über uns hereingebrochen ist.

Diese Prozesse sind unumkehrbar, aber man könnte sie beschränken, eingrenzen, regeln. Bisher findet eine gesellschaftliche Debatte über die Veränderungen unseres Alltags, die sich in diesem Jahrzehnt vollzogen haben, nicht statt. Sie ist aber dringend nötig. Den Stromanbieter zu wechseln, das mag im Nachhinein eine ganz witzige Geschichte sein. Aber die Fragen dahinter sind gesellschaftspolitischer Natur: Wie viel Deregulierung wollen wir? Wie viel Transparenz erwarten wir? Wie viele verschiedene Produktoptionen sind für uns akzeptabel?

Nicht anders ist die Technisierung der Alltagswelt zu bewerten: Mit der Geschichte über ein neues Auto, das sich, mit Elektronik überfrachtet, keinen Schritt mehr vorwärtsbewegt, kann man Freunde an einem Abend gut unterhalten. Aber wollen wir wirklich voll vernetzte, hoch technisierte Autos, die ein undurchschaubares Eigenleben haben und zu jeder Zeit Auskunft darüber geben, wo wir uns gerade befinden?

Ist das Machbare immer das Beste?

All das verlangt einen Diskurs darüber, in welcher Gesellschaft wir eigentlich leben wollen. Aber bis diese Debatte begonnen und zu einem Ergebnis geführt hat, was machen wir bis dahin?

Bis dahin können wir uns nur mit kleinen Lösungen behelfen, ohne das große Ganze aus dem Blick zu verlieren:

1 Wir können uns trösten, wann immer wir am Rande des Nervenzusammenbruchs stehen: Wir sind mit diesem Gefühl nicht allein. Allen Menschen um uns herum geht es genauso wie uns.

2 Wir können den Mut aufbringen, altmodisch zu sein. Wir entziehen uns dem Gruppendruck und weigern uns jeden neuen technischen Trend mitzumachen.

3 Wir probieren Geräte im Geschäft aus, fragen gezielt nach »einfach«, lassen uns von den vielen Funk-

tionen nicht mehr blenden und bringen Geräte, deren schlechte Gebrauchstauglichkeit sich bei der ersten Nutzung herausstellt, zurück ins Geschäft.

4 Wir grenzen unsere Wahlmöglichkeiten ein, weil wir sowieso nicht in der Lage sind, uns einen Marktüberblick zu verschaffen. Ein Zuviel an Informationen erweist sich meist als problematisch. Psychologen haben festgestellt: Je mehr Anlagemöglichkeiten man Personen anbietet, desto seltener sorgen sie vor. Weniger ist also auch in diesem Fall mehr.

5 Wir beachten die Kosten, die dadurch entstehen, dass wir versuchen, uns einen Überblick über undurchsichtige Märkte zu verschaffen. Steht das Ergebnis in einem gesunden Verhältnis zu der eingesetzten Zeit? Wenn nicht, hören wir auf, uns mit noch mehr Informationen zu stressen.

6 Wir entscheiden emotional und nach Erfahrung: Beides sind wichtige Hilfsmittel, um in einem immer komplizierter werdenden Alltag nicht irre zu werden. Generell: Je komplexer das Produkt, das wir kaufen wollen, desto mehr sollten wir auf unser Gefühl hören.

7 Wir malen uns immer aus, welche Folgen eine Entscheidung haben könnte, und überschätzen dabei generell die Auswirkungen. Die Welt bricht nicht zusammen, wenn der Fernseher woanders dreißig Euro billiger ist als dort, wo wir ihn gekauft haben.

8 Technische Entwicklungen müssen gelernt werden. Wir geben uns die Zeit dazu und haben nicht den Anspruch, es sofort und aus dem Stand zu können.

9 Weil wir Service und Beratung eine Chance geben wollen, kaufen wir nicht nur »billig«. Billig ist keine Strategie, die in ihrer Gesamtheit zum guten Ziel führt.

10 Wir überlegen, ob es nicht sinnvoller ist, eine Dienstleistung einzukaufen, als selbst stundenlang tätig zu werden. Eine Reise im Reisebüro statt im Internet zu buchen, ist häufig nicht (viel) teurer und schont die Nerven.

11 Und vor allem: Wir zweifeln nicht an uns selbst. Denn: *Nicht wir sind blöd, sondern die Welt, in der wir uns bewegen.*

Dank

Was bei einem Glas Champagner nicht alles entstehen kann …

Mein Lektor Lutz Dursthoff ermunterte mich immer wieder, dieses Projekt in Angriff zu nehmen, und begleitete es bis zum Schluss. Ohne ihn wäre dieses Buch nicht zustande gekommen. Barbara Wenner stand beratend an meiner Seite und unterstützte mich in so vielfältiger Form, dass es den Rahmen einer Tätigkeit als Literaturagentin vollends sprengte. Die Expertise und Begeisterung von Simone Vintz für dieses Thema war ansteckend und deshalb ein unverzichtbarer Antrieb.

Darüber hinaus haben viele Experten, Wissenschaftler, Freunde und Protagonisten bereitwillig Auskunft erteilt oder mir Geschichten aus ihrem Alltag erzählt. Ihnen allen sei Dank. Ganz besonders zu nennen sind: Andreas Butz, Peter-Josef Bock, Tim Bosenick, Dörte Elß, Marc Krüsel, Karl-Peter Naumann, Willi Schlichting, Günther Voss, Hartmut Wandke, Johannes Weyer, Hendrik Wilmanns.

Literatur

Buchveröffentlichungen – eine Auswahl

Günther Anders, Die Antiquiertheit des Menschen, München 2002
Peter Bofinger, Ist der Markt noch zu retten?, Berlin 2009
R. Brauch, Ch. Zach, Autoelektronik und Zuverlässigkeit – Erfahrungen aus Fehlerstatistiken, Zeitschrift e & i Elektrotechnik und Informationstechnik, Wien 2006
Marlen Brinks, Gewalt gegen Computer, Eine wissenschaftliche Untersuchung eines alltäglichen Phänomens. Stuttgart 2005
M., Burmester, Usability und Design. In: R. Schmitz (Hrsg.), Kompendium Medieninformatik. Medienpraxis, Berlin 2007, S. 245–302
Donald A. Norman, The Design auf Everyday Things, New York 2002
Marc Prensky, Digital Natives, Digital Immigrants, in: On The Horizon, MCB University Press, Vol. 9 No. 5, Bradford, Großbritannien 2001
Marc Prensky, Digital Natives, Digital Immigrants, Part II: Do They Really Think Differently?, in: On The Horizon, Vol. 9 No. 6, 2001
Herrad Schenk, In der Badewanne. Roman, Köln 2007
Barry Schwartz, Anleitung zur Unzufriedenheit – Warum weniger glücklich macht, Berlin 2006
Gray Small und Gigi Vorgan, iBrain. Wie die neue Medienwelt Gehirn und Seele unserer Kinder verändert, Stuttgart 2009
Günther Voss, Der arbeitende Kunde, Frankfurt/Main 2006
Johannes Weyer, Die Zukunft des Autos – das Auto der Zukunft. Wird der Computer den Mensch ersetzen?, überarbeitete Fassung eines Vortrags auf dem Branchenforum Freier Autoreparaturmarkt, 15. 1. 2006, Dortmund
Detlev Zühlke, Der intelligente Versager, Darmstadt 2005

Presseartikel – eine Auswahl

Catrin Bialek, K wie Kundenorientierung, Handelsblatt, 28. 5. 2008
Catrin Bialek, Servicedenken trotzt der Krise, Handelsblatt, 29. 5. 2009

Nina Brodbeck, Hightech für Neandertaler, FAZ, 18./19. 4. 2009
Jürgen Broschart, Olaf Martens, Technik im Alltag: unser Freund, unser Feind?, GEO, 1. 5. 2005
Martin Greve, Michela Schiessl, König Kunde 2.0, DER SPIEGEL, 48/2007
Joachim Hofer, Virtuell überfordert, real im Abseits, Handelsblatt, 3. 3. 2009
Ray Kurzweil, Der Mensch Version 2.0, Spektrum der Wissenschaft, Januar 2006
Julia Leendertse, Schallgrenze erreicht, Wirtschaftswoche, 1. 10. 2007
Claudia Lehmann, Zu blöd für Technik, Kölner Stadt-Anzeiger, 16. 6. 2008
Gunhild Lütge, Die Not der Kunden, DIE ZEIT, 31. 10. 2007
Miriam Meckel, Wann wird aus Information zu viel Information?, FAZ, 21. 5. 2008
Elisabeth Niejahr, Gehetzte Konsumenten, DIE ZEIT, 31. 7. 2007
Psychologie heute, Die Kluft in den Köpfen, Mai 2009
Thorsten Riedl, Im Netz der Technik, SZ, 28. 8. 2008
Julia Leendertse, Schallgrenze erreicht, Wirtschaftswoche, 1. 10. 2007

Hörfunk/Fernsehen – eine Auswahl

Timan Achtnich, Gefangen im HI-Tec, Phoenix, 22. 2. 2007
Sabine Eichhorst, Und einen schönen Tag noch – Von arbeitenden Kunden und serviceorientierten Tankwarten, WDR 5, Neugier genügt, 24. 4. 2007
Stéphane Paoli, Paul Virilio – Denker der Geschwindigkeit, arte, 20. 1. 2009

Internetadressen

www.beuth.de
www.dgq.de
www.kundenmonitor.de
www.stiftung-warentest.de
www.vz-bawue.de
www.vzbv.de
www.vz-nrw.de
www.wiso.de